Anyeli Figueroa García

La utilización de la computadora como medio de enseñanza

Anyeli Figueroa García

La utilización de la computadora como medio de enseñanza

Elaboración de una estrategia de preparación metodológica para al docente a tiempo parcial

Editorial Académica Española

Imprint

Any brand names and product names mentioned in this book are subject to trademark, brand or patent protection and are trademarks or registered trademarks of their respective holders. The use of brand names, product names, common names, trade names, product descriptions etc. even without a particular marking in this work is in no way to be construed to mean that such names may be regarded as unrestricted in respect of trademark and brand protection legislation and could thus be used by anyone.

Cover image: www.ingimage.com

Publisher:
Editorial Académica Española
is a trademark of
International Book Market Service Ltd., member of OmniScriptum Publishing Group
17 Meldrum Street, Beau Bassin 71504, Mauritius
Printed at: see last page
ISBN: 978-620-3-03518-6

PENSAMIENTO

"El futuro de nuestra patria tiene que ser necesariamente un futuro de hombres de ciencia, tiene que ser un futuro de hombres de pensamiento, porque precisamente es lo que más estamos sembrando; lo que más estamos sembrando son oportunidades a la inteligencia (...)"

"Fidel Castro"

INDICE

RESUMEN

La presente investigación aborda el estudio de la preparación del docente a tiempo parcial, en cuanto a su contribución a la preparación pedagógica, didáctica y metodológica, lo que lleva a definir como problema científico, cómo elevar el nivel de preparación del docente a tiempo parcial en el uso de la computadora como medio de enseñanza, lo que limita la efectividad de su práctica pedagógica, y como objetivo elaborar una estrategia de preparación metodológica para el docente a tiempo parcial en el uso de la computadora como medio de enseñanza. Con esta tesis se aporta en el orden práctico, la elaboración de una estrategia de preparación metodológica para al docente a tiempo parcial de la Filial Universitaria Baraguá en el uso de la computadora como medio de enseñanza, en la cual se realiza una sistematización de los elementos teóricos que la sustentan y que tiene la particularidad de considerar la relación dialéctica entre la lógica formativa y la lógica de la preparación del docente, la cual es valorada como bastante adecuada por los expertos encuestados y corroborada a través de su aplicación parcial en la Filial Universitaria Municipal de Baraguá, que evidenció su valor científico metodológico al contribuir a mejorar los niveles de preparación, actuación y motivación del docente a tiempo parcial para aprovechar las potencialidades de la computadora como medio de enseñanza. Además cuenta con las conclusiones y la bibliografía y la utilización de diferentes métodos y técnicas para el diagnóstico y evaluación de la propuesta.

INTRODUCCIÓN

La Revolución Cubana ha realizado un gran esfuerzo por introducir los adelantos científicos y tecnológicos en las diferentes ramas de la economía, la cultura y la educación. En este contexto la enseñanza superior enfrenta en estos momentos una serie de transformaciones que constituyen condiciones favorables para conducir un proceso educativo con mayor calidad, influenciado fundamentalmente por la inserción de computadoras y dentro de ellas Software educativos, multimedia, programas y videos que se utilizan como medios de enseñanza para el fortalecimiento de la preparación de los docentes y así lograr el desarrollo de un aprendizaje desarrollador en los estudiantes.

Ante estas transformaciones se hace necesario que el personal docente esté preparado para explotar los valiosos recursos que hoy están a su disposición. Las universidades con sus filiales es, han sido dotadas de modernos medios de enseñanza, entre ellos las computadoras, de manera que sus profesionales puedan utilizarlos para su preparación, sin embargo en estas filiales tienen contratados docentes a tiempo parcial que no poseen habilidades en el uso de la computadora, exigencia que debe cumplir todo docente que trabaje en las universidades, no teniendo éstos preparación en este aspecto.

Muchas son las experiencias, que han intentado propiciar el conocimiento acerca del uso de la computadoras como medios de enseñanza, sin embargo, a juzgar por los criterios emitidos por los propios docentes aún resulta insuficiente la preparación que llega al colectivo pedagógico en el tema mencionado. Es conocido que el proceso de enseñanza-aprendizaje mejora cuando se mejoran sus componentes esenciales. Sin embargo, no habrá docencia efectiva, en ningún nivel, si el docente no está suficientemente preparado, primero en el contenido, y después en las cuestiones didácticas relativas al desarrollo del mismo.

Muchas son las experiencias que han intentado propiciar el conocimiento acerca del uso de la computadoras como medios de enseñanza, entre ellos, (Mena Marchan &

Porras M, 2004), Pola Baza, J. S., Fernández Nodarse, F. A., Lima Montenegro, S. (2013), y en la búsqueda por Internet, sin embargo, a juzgar por los criterios emitidos por los propios docentes aún resulta insuficiente la preparación que llega al colectivo pedagógico en el tema mencionado. Es conocido que el proceso de enseñanza-aprendizaje es bueno cuando se utilizan sus componentes con calidad y efectividad. Sin embargo, no habrá docencia efectiva, en ningún nivel, si el docente no está suficientemente preparado, primero en el contenido, y después en las cuestiones didácticas relativas al desarrollo del mismo.

Los medios de enseñanza constituyen una fuente portadora del conocimiento de las ciencias y de la vida, que presupone una potencialidad para el desarrollo del proceso de enseñanza-aprendizaje. La manera en que se presenta la información en ellos, puede abarcar los objetivos y contenidos particulares de cada asignatura o de varias asignaturas para lograr mayor integración en los aprendizajes de los alumnos.

El uso de la computadora como medio de enseñanza se convierte en un componente esencial para impartir las clases, pues a través de ella el profesor se vale para poder ilustrar los contenidos de las asignaturas, desarrollar una labor más creadora y posibilita mejorar el aprendizaje de los estudiantes. Por lo que perfeccionar su uso es una necesidad que exige tener en cuenta al resto de los componentes del proceso de enseñanza-aprendizaje.

La amplitud del tratamiento del tema sobre el uso de la computadora como medio de enseñanza en las ciencias pedagógicas, constituye una potencialidad para preparar al docente a tiempo parcial en su uso, pues ellos deben adquirir conocimientos y habilidades para interactuar con ella, pues la preparación de la asignatura debe ser digitalizada, así como las diferentes actividades que planifique con los estudiantes, sin embargo como son profesores a tiempo parcial y no son graduados de un perfil pedagógico presentan limitaciones en su uso, siendo necesario que aprendan a "navegar" por los diferentes sistemas de aplicación de las llamadas "nuevas tecnologías", entre los que se encuentran "el software" y la multimedia como parte integrante de los sistemas ajustados a las computadoras.

Para lograr lo anterior es necesario ofrecer a este docente, conocimientos, y la posibilidad del desarrollo de habilidades, hábitos, y actitudes relacionados con el uso de la computadora como medio de enseñanza en la planificación, organización, ejecución control y evaluación de sus clases y actividades, siendo esta una problemática a resolver en este sentido.

Con la aplicación de diferentes instrumentos, los intercambios informales de la autora con el docente a tiempo parcial se pudo constatar que aún resulta insuficiente la preparación de ellos en el uso de la computadora como medio de enseñanza, en lo que se comprobaron las manifestaciones siguientes:

- ➤ El docente a tiempo parcial poseen insuficientes conocimientos y habilidades para operar con los programas de la computadora.
- ➤ Es insuficiente la interactividad del docente a tiempo parcial con la computadora.
- ➤ El docente a tiempo parcial no atiende, como tendencia, durante la planificación, orientación, ejecución, evaluación y control de las clases y las diferentes actividades, el uso de la computadora como medios de enseñanza debido a que tiene limitaciones para utilizar métodos y procedimientos con este fin.
- ➤ Limitado aprovechamiento de las potencialidades que brinda la computadora como medio de enseñanza para enriquecer la información en sus clases.
- ➤ Insuficiente planificación de la Filial Universitaria para El docente a tiempo parcial en la utilización de tiempo de máquina y acceder a la información que ofrece la computadora.

La causa fundamental de estas problemáticas están dadas por la insuficiente preparación del docente a tiempo parcial para utilizar la computadora como medio de enseñanza, produciéndose entonces una contradicción entre la necesidad de que los docentes utilicen la computadora como medio de enseñanza y la insuficiente preparación que tienen para afrontar este desafío exitosamente.

Considerando lo anteriormente expuesto se establece como problema científico: ¿Cómo elevar el nivel de preparación del docente a tiempo parcial en el uso de la computadora como medio de enseñanza?

Se expresa el objeto de investigación preparación del docente a tiempo parcial, mientras que el campo de acción el uso de la computadora como medio de enseñanza, proponiéndose como objetivo de la investigación: elaborar una estrategia de preparación metodológica para el docente a tiempo parcial en el uso de la computadora como medio de enseñanza.

Lo anteriormente expuesto nos posibilitó la determinación de las siguientes preguntas científicas:

1- ¿Qué fundamentos teóricos y metodológicos sustentan la preparación del docente a tiempo parcial en el uso de la computadora como medio de enseñanza?

2- ¿Qué situación presenta el docente a tiempo parcial en el uso de la computadora como medio de enseñanza?

3- ¿Qué estrategia elaborar para preparar metodológicamente al docente a tiempo parcial de la Filial Universitaria Baraguá en el uso de la computadora como medio de enseñanza?

4- ¿Cómo evaluar la calidad de la estrategia de preparación metodológica propuesta?

Todo esto será cumplido con las siguientes tareas científicas:

1- Determinación de los fundamentos teóricos y metodológicos que sustentan la preparación del docente a tiempo parcial en el uso de la computadora como medio de enseñanza.

2- Diagnóstico de la situación actual que presenta el docente a tiempo parcial en el uso de la computadora como medio de enseñanza.

3- Elaboración de una estrategia de preparación metodológica para el docente a tiempo parcial de la Filial Universitaria Baraguá en el uso de la computadora como medio de enseñanza.

4- Evaluación de la calidad de la estrategia de preparación metodológica propuesta mediante el criterio de experto.

Para que los análisis que se derivan del diagnóstico que se efectuó fueran pertinentes, resultó necesario definir y operacionalizar las variables de investigación. Asumiéndose como variable dependiente: nivel de preparación del docente a tiempo parcial para la utilización de la computadora como medio de enseñanza y como variable independiente: estrategia de preparación metodológica para el docente a tiempo parcial en el uso de la computadora como medio de enseñanza.

Conceptualización:

Variable dependiente: nivel de preparación del docente a tiempo parcial para la utilización de la computadora como medio de enseñanza: apropiación teórica, metodológica y práctica que permitirá adquirir conocimientos, desarrollar habilidades, motivarse por la actividad y asumir una actitud positiva hacia la enseñanza. Tiene un carácter contínuo, planificado con el propósito de actualizar y perfeccionar su desempoño profesional en correspondencia con los requerimientos de la universidad cubana actual.

La operacionalización de la variable dependiente se realizó en correspondencia con la concepción teórica asumida, por lo que se declaran como indicadores para evaluar el nivel de aprendizaje de los docentes en la utilización de la computadora como medio de enseñanza:

1- Habilidad de los docentes para la utilización de la computadora como medio de enseñanza.
2- Conocimiento de los docentes sobre la función e importancia de la computadora como medio de enseñanza.
3- Capacidad de los docentes para elaborar materiales digitalizados como medios auxiliares de la clase.
4- Disposición y motivación de estos docentes para aprender a operar con la computadora.

En la investigación se tomó como población los 15 docentes a tiempo parcial de la Filial Universitaria del municipio Baraguá, por ser estos los contratados y presentan las insuficiencias anteriormente referidas.

En esta investigación se emplean los siguientes métodos y técnicas lo que permite efectuar valoraciones dialécticamente sustentadas, por las evidencias empíricas.

Métodos del nivel teórico:

Analítico-sintético: Se utilizó en el procesamiento de las fuentes bibliográficas para establecer las posiciones teóricas que sustentan la preparación del docente a tiempo parcial para el uso de la computadora como medio de enseñanza.

Histórico y lógico: Se utilizó para el estudio de los antecedentes históricos, psicológicos, gnoseológicos, pedagógicos, sociológicos y filosóficos del proceso de preparación del docente a tiempo parcial para el uso de la computadora como medio de enseñanza.

Sistémico-estructural: Se utilizó para organizar los elementos de la estrategia de preparación propuesta y emplear los elementos de la investigación.

Inductivo-deductivo: Permitió determinar las regularidades y particularmente referidas a la preparación del docente a tiempo parcial de la Filial Universitaria del municipio Baraguá para el uso de la computadora como medio de enseñanza.

Métodos y técnicas del nivel empírico:

La observación participante: Para evaluar el estado de la situación actual que presenta la preparación del docente a tiempo parcial en el uso de la computadora como medio de enseñanza en la práctica pedagógica.

Entrevista grupal a docentes a tiempo parcial se utilizó para profundizar en el diagnóstico con los criterios sobre la preparación del docente a tiempo parcial en el uso de la computadora como medio de enseñanza.

Análisis documental: Para profundizar en la fundamentación teórica del tema, en la revisión de documentos normativos y los relacionados con otros aspectos del objeto de estudio y del campo de la investigación y vías elaboradas a diferentes instancias, la encuesta permitió recopilar datos sobre la preparación de los docentes en el uso de los medios de enseñanza. La observación fue utilizada para apreciar el trabajo de los docentes en el uso de la computadora en el desarrollo de las clases, para ver qué actividades realizaban y como los utilizaban.

Método Estadístico:

Del nivel matemático se empleó el análisis porcentual que posibilitó el tratamiento cuantitativo de los datos que aportaron los instrumentos aplicados y los resultados obtenidos en la investigación.

El aporte práctico se establece en: la elaboración de una estrategia de preparación metodológica para el docente a tiempo parcial de la Filial Universitaria Baraguá en el uso de la computadora como medio de enseñanza. Mientras que la novedad científica radica en que el diseño de las acciones están dirigidas a la preparación del docente a tiempo parcial en el uso de la computadora como medio de enseñanza, mediante diferentes temas que se desarrollan en talleres metodológicos, posibilitando el desarrollo de conocimientos y habilidades sobre este tema, además sus acciones posibilitan la motivación y el interés de estos docentes, pues están concebidas sobre la base teórico-práctica y con el empleo conjugado de diversidad de formas organizativas.

La tesis, obedeciendo a un orden lógico que facilite el proceso de análisis, está concebida de la siguiente forma:

En la Introducción se describen las características generales del trabajo y los aspectos a ser abordados. El primer capítulo titulado "La preparación del docente a tiempo parcial en el uso de la computadora como medio de enseñanza" está dedicado a los antecedentes históricos y teóricos que sustentan la problemática abordada y permita comprender la esencia de la misma. En el segundo capítulo se realiza el análisis de los resultados de los instrumentos aplicados y se introducen todos los elementos necesarios para abordar la propuesta de la estrategia elaborada y la evaluación de la calidad de la estrategia de preparación metodológica mediante el criterio de experto. Las conclusiones de la investigación, se exponen a continuación del segundo capítulo, así como las recomendaciones, según un ordenamiento que se corresponde con la estructura de la tesis. Finalmente se presentan la bibliografía consultada y los anexos.

CAPÍTULO I. FUNDAMENTOS TEÓRICO-METODOLÓGICOS DE LA PREPARACIÓN DEL DOCENTE A TIEMPO PARCIAL EN EL USO DE LA COMPUTADORA COMO MEDIO DE ENSEÑANZA.

En el presente capítulo se abordan las concepciones actuales sobre preparación del docente a tiempo parcial en el uso de la computadora como medio de enseñanza y sus antecedentes. Se profundiza en el uso de la computadora como medio de enseñanza. Se estudian sus concepciones actuales, así como los desafíos, importancia y necesidad de preparar al docente a tiempo parcial en el uso de la computadora como medio de enseñanza para enfrentar los retos del desarrollo científico técnico y las transformaciones de la Tercera Revolución Educacional.

1.1 Antecedentes históricos de la preparación del docente.

Durante el período colonial, aunque no se podía hablar de preparación del personal docente en el sentido actual, en la medida en que se fue desarrollando una organización escolar sistematizada, fueron surgiendo personalidades e instituciones que jugaron un papel importante en la preparación de las personas que ejercían la función instructiva.

Con la creación de la Sociedad Económica de Amigos del País (1793-1842), se comienza a proporcionar ayuda pedagógica a los maestros y se promueve su preparación; su sección de Educación, entre otras tareas, divulgó las memorias, trabajos pedagógicos y culturales de carácter nacional e internacional, como una vía para cooperar con la mejor preparación del magisterio; esta acción que era bastante limitada, fundamentalmente en La Habana (actual Ciudad de La Habana) con el tiempo fue extendiéndose a otros lugares de la isla en dependencia de las posibilidades objetivas de cada momento. Fue también importante para la preparación del magisterio, de entonces, el papel jugado por la prensa, en particular durante el siglo XIX, ya que los grandes maestros, forjadores del pensamiento pedagógico cubano (José Agustín Caballero, Félix Varela Morales y José de la Luz y

Caballero, entre otros) expresaron en revistas y periódicos las ideas más revolucionarias de entonces.

Durante la intervención y ocupación norteamericana (1898-1902) la preparación de los maestros, constituyó un instrumento más para el logro de sus intereses expansionistas. En esta época era utilizado el Manual para Maestros, en él se indicaban los pasos que debían seguir para enseñar y se les daban diferentes variantes de planes de lección. Otras de las vías utilizadas por las autoridades de la ocupación fueron las becas otorgadas por universidades y escuelas de Estados Unidos para recibir programas especiales de formación emergente, cuyo objetivo enmascarado era lograr que a su regreso a Cuba ejercieran una influencia favorable al interés anexionista.

En la Neocolonia (1902-1958) la preparación de los maestros y docentes no constituía una política estatal, la misma se reducía al autodidactismo de los propios docentes y a los esfuerzos aislados de algunas instituciones, donde se destaca la labor realizada por la Universidad de La Habana, a través de su Departamento de Extensión Universitaria y de la Cátedra Martiana, que ofrecía cursos, conferencias y seminarios en diferentes materias; estas experiencias condujeron a la creación en 1941 de la Escuela de Verano, encargada de esas actividades de preparación y perfeccionamiento. Las restantes universidades del país realizaron esfuerzos similares, aunque con un resultado más limitado, ya que no todos los docentes tenían posibilidades de acceder a estas actividades, algunos por condiciones geográficas, otros por las económicas.

No es hasta el triunfo del Gobierno Revolucionario (1959) - en que la necesidad de extender la Educación a todo el país como un derecho de todos y como un deber social insoslayable para el desarrollo de la sociedad- que se promueve una política educativa donde la formación y la preparación de los maestros y docentes ocupan un lugar primordial.

La preparación del docente en Cuba a partir de enero del 59, ha transitado por diferentes etapas, todas ligadas a los procesos revolucionarios que se han llevado a cabo en el sistema educacional cubano. Estas han hecho que en cada una de ellas, existan particularidades que las distingan, de acuerdo al momento histórico y las condiciones objetivas y subjetivas en las cuales han estado enmarcadas, pues el propio desarrollo alcanzado provocó que se generen necesidades de adopción de nuevas formas o vías para alcanzar los objetivos.

En el año 1960 el Ministerio de Educación crea, mediante su Resolución Ministerial 10349, 20 de abril de 1960, el Instituto Superior de Educación (ISE), más tarde Instituto de Preparación Educacional, el que entre sus funciones fundamentales tenía asignado realizar cursos, cursillos, seminarios y actividades de índole similar, destinadas a la preparación y perfeccionamiento del personal docente, técnico y administrativo en ejercicio (Morales Pino, 2002). De esta manera se comenzó a desarrollar por primera vez en Cuba y en América Latina un sistema de actividades de preparación con carácter masivo y continuado para todo el personal que prestaba sus servicios en el Ministerio de Educación.

A partir de este año (1960), y, de forma ininterrumpida, se fue garantizando la preparación de los docentes, mediante un sistema de actividades que daba respuesta a las necesidades que demandaba el desarrollo de la educación, desde cursos, cursillos, seminarios y talleres, entre otros, dirigidos tanto a los docentes en ejercicio, como a las estructuras administrativas y de asesoramiento metodológico, hasta la titulación emergente de docentes.

La experiencia cubana en la Educación Postgraduada se inició con intentos aislados. Antes del triunfo de la revolución, la educación de postgrado se limitaba a ciertos cursos de la llamada "Escuela de Verano", en particular en la Universidad de La Habana. Otras actividades de postgrado, por lo general de mayor seriedad y alcance, se desarrollan en algunos Colegios Profesionales y algunos docentes de prestigio y calificación lo impartían a grupos selectos y reducidos, en sus cátedras, pero desde luego en ninguna de sus manifestaciones estas actividades caracterizaban un mecanismo capaz de satisfacer los objetivos de la educación de postgrado. (Fernández M, 2002: 8)

En la práctica no existía una estrategia nacional para desarrollar el postgrado. Por ello, tras El triunfo de la Revolución Cubana se dirigieron todos los esfuerzos a transformar la educación y, en particular, a organizar un sistema de Educación Postgraduada (cuarto nivel de educación) como preparación continua de los egresados durante su vida profesional; como un conjuntos de procesos docentes - educativos que posibiliten a los graduados universitarios la adquisición y perfeccionamiento continuo de los conocimientos y las habilidades requeridas para un mejor desempeño de sus responsabilidades y funciones laborales en los diferentes sectores y ramas de la producción y los servicios; Ya que: "La educación Superior del futuro al asumir el reto del vertiginoso desarrollo de las ciencias y de la tecnología deberá enfatizar sobre la formación básica general y priorizar los procesos de aprendizaje del futuro egresado de forma tal que esté dotado para seguir educándose por sí mismo". (Solano E, 2002: 9).

En 1974, la Revolución sobre Política Educacional aprobada por El Primer Congreso del PCC, establece la necesidad de elevar la calificación de los graduados de nivel superior y de organizar programas de postgrados.

Hasta 1975 el país vive un proceso acelerado de formación de una base social y legal para la implantación de un sistema educacional, como tal se produce la aplicación de la política de masividad en la enseñanza que abarca todos los niveles. En esta etapa inicial suceden acontecimientos de relevante importancia para el despegue que exigía el momento, como la Campaña de Alfabetización, la apertura de diez mil aulas para la educación elemental con su campaña de seguimiento, cuyo epicentro lo constituyeron las batallas de sexto y noveno grado. Estas demandas crearon la necesidad de preparar a los docentes que habían asumido esa responsabilidad y que se enfrentaban valientemente a la tarea de dirigir el proceso de enseñanza-aprendizaje en los diferentes niveles.

De esta manera la preparación del docente se llevó a cabo de forma apresurada por diversas razones que apremiaban a la Revolución, dada sus propias características; ya en la etapa institucionalizada en el MINED se comenzó a ejecutar los llamados

Seminarios Nacionales. Estos seminarios contaban con una planificación y organización mejor concebida, que hizo dar pasos de avance significativos en la preparación de los docentes, tanto que en la actualidad son objeto de consulta por mantener muchos de ellos gran vigencia.

Durante los años setenta y ochenta la preparación se efectuaba dentro del puesto de trabajo, dirigida a la dirección del proceso pedagógico y la organización escolar, que preparaba en la práctica a los docentes. En esa época comenzó la edición de textos y folletos que estuvieron permeados de experiencias pedagógicas de avanzada y de elementos necesarios para el desempeño de los docentes.

Durante toda la década de los noventa, el Ministerio de Educación desarrolló una estrategia general para la preparación de los docentes consecuente con la política aprobada por el Primer Congreso del Partido, y ratificada en los posteriores que a partir de 1995. Ya esta estrategia mejor concebida logró grandes avances en el desarrollo de los directivos educacionales cubanos.

A partir de esto año 1960 y de forma ininterrumpida, se fue garantizando la preparación de los docentes y funcionarios, mediante un sistema de actividades que daba respuesta a las necesidades que demandaba el desarrollo de la educación, desde cursos, cursillos, seminarios y talleres, entre otros, dirigidos tanto a los docentes en ejercicio, como a las estructuras administrativas y de asesoramiento metodológico, hasta la titulación emergente de docentes.

Una caracterización por etapas de la preparación de los docentes en Cuba a partir de 1959 Castro, O. (1989) nos permite enunciar las tendencias fundamentales en cada una de las etapas.

Primera etapa: 1960-1969

A partir de 1963 y con el propósito de divulgar entre los docentes y la población en general, los adelantos de la ciencia y la técnica, inició por el Canal 4 de la televisión cubana, una serie de programas dedicados a la preparación de los profesores de ciencias para adiestrarlos en el uso de las dotaciones de laboratorios y talleres que se recibían en las escuelas

Segunda etapa: 1970-1979

Se continúa con el modelo de preparación centralizado nacionalmente, aunque dirigido fundamentalmente a la profesionalización (titulación), y se inician los planes de estudios dirigidos para la titulación de maestros y profesores en ejercicio. A partir de 1976 y como una necesidad del nuevo plan de perfeccionamiento del Sistema Nacional de Educación se incorpora un sistema de seminarios para preparar a todo el personal docente en el contenido y metodología de los nuevos programas y planes de estudio para la escuela cubana.

Tercera etapa: 1980-1989

Se inicia una etapa cualitativamente superior en la preparación del personal docente, se comienza una tendencia a la descentralización en cuanto a las decisiones del contenido de la preparación. Este período puede ser considerado como un tránsito hacia el modelo actual de preparación. Las estructuras territoriales se ocupaban de la preparación de los docentes para dar respuesta a las prioridades y objetivos de la educación.

Cuarta etapa: 1990- 1999

Se concibe una descentralización de las decisiones en cuanto a las acciones de preparación, sobre la base de las necesidades y potencialidades específicas, a través de la red de Institutos Superiores Pedagógicos (ISP) y las Direcciones Provinciales de Educación.

Quinta etapa: 2000-actualidad

En correspondencia con las transformaciones en la política del MINED, inmersa en la Tercera Revolución Educacional, se mantiene la descentralización de las decisiones en cuanto a las acciones de preparación, sobre la base de las necesidades y potencialidades específicas, a través de la red de Institutos Superiores Pedagógicos, las Direcciones Provinciales de Educación, las

Universidades con sus Filiales Universitarias que son las que planifican qué preparación deben ofrecerle a sus docentes.

La preparación sistemática de los docentes se debe diseñar desde estos centros docentes, a través de lo reglamentado en la resolución 210/07 con sus diferentes formas y tipos del trabajo metodológico como la (preparación de la carrera, disciplina, asignatura, reunión metodológica, clase metodológica, clase abierta, clase de comprobación y taller metodológico), han sido de una extraordinaria importancia para su desarrollo hasta la actualidad. Es por eso, la preparación profesional constituye un conjunto de procesos de formación que posibilitan a los graduados universitarios la adquisición, ampliación y perfeccionamiento continuo de los conocimientos y habilidades básicas especializadas requeridos para un mejor desempeño de sus responsabilidades y funciones laborares, así como para su desarrollo cultural integral.

1.2 Fundamentos teórico-metodológicos sobre la preparación de los docentes.

Por la importancia que se le concede en esta investigación al término preparación se analizaron diversas fuentes con el fin de realizar un análisis que lo esclareciera. El resultado del análisis de la literatura que aborda este término permitió conocer que se utiliza desde la primera mitad del siglo XX en función de la educación, así se puede encontrar el planteamiento "Para que un individuo se considere preparado es necesario que se haya apropiado de parte de la cultura que lo ha precedido y, consecuentemente conozca una profesión, que sea instruido. Un hombre es instruido, cuando puede resolver los problemas presentes en su actividad cotidiana, es decir cuando domina su profesión. Lo primero que tiene que resolver el proceso formativo, con vistas a preparar al hombre, es "dar carrera para vivir. (De la Luz y Caballero, J., 1952:7).

También este concepto aparece implícito en el pensamiento educativo de José Martí (1853-1895), encaminado a formar al hombre para la vida. Carlos Álvarez Zayas (1999) en su libro "La escuela en la vida" aborda este término cuando expresa "la preparación de los ciudadanos de un país es una de las necesidades más importantes a satisfacer en cualquier sociedad, lo que se convierte en un problema esencial de la misma"…"Una sociedad está preparada cuando todos o la mayoría de sus ciudadanos lo están; un individuo está preparado cuando puede enfrentarse a los problemas que se presentan en su puesto de trabajo y los resuelve. De ese modo el concepto preparación expresa el problema, punto de partida de la ciencia pedagógica y categoría de la misma" (Álvarez de Zayas, C.M., 1999:6).

También refiere que "el proceso en el cual el hombre adquiere su plenitud, tanto desde el punto de vista educativo como instructivo y desarrollador es el así denominado proceso de formación". (Álvarez de Zayas, C.M., 1999:9).

Estos autores, aunque en diferentes épocas abordan de manera similar el proceso formativo al considerar la formación como un estadio superior y para ello dicho proceso formativo en primer lugar, tiene que lograr la preparación del hombre para enfrentar y resolver los problemas de su puesto de trabajo, elementos con los que concuerda el autor de esta investigación, pues se corresponden con sus criterios acerca de la preparación del docente a tiempo parcial.

Para el tratamiento al contenido de la preparación de docentes, primero se realizó un amplio estudio de la literatura, asumiendo la definición de que "En esencia el contenido es una parte de la cultura que integra conocimientos, modos de pensar, actuar y sentir y valores personales y sociales que se seleccionan con criterios pedagógicos con el propósito de formar integralmente al educando" (Álvarez de Zayas R.M., 1999:55).

El contenido tiene una naturaleza compleja y sistémica, que se presenta como conocimientos, habilidades y actitudes en el proceso de enseñanza-aprendizaje. Cada uno de estos elementos tiene sus particularidades que lo caracterizan: los conocimientos son dependientes de las ciencias y las fuentes de saberes; las habilidades son procedimientos que implican ejercitación para ser dominadas; y las actitudes tienen una alta carga de afectividad" (Álvarez de Zayas, R.M., 1999:71, 72).

Se asume esta concepción, pues su amplitud da respuesta al proceso de preparación de, en el que también es preciso conjugar en las acciones que se planifiquen, los elementos del contenido: conocimientos (saber), habilidades (saber hacer) y actitudes (saber ser).

Es utilizado este término en función de la educación desde el siglo XX, con la figura de José de la Luz y Caballero (1852), que desde tan temprana época señaló: "Para que un individuo se considere preparado es necesario que se haya apropiado de parte de la cultura que lo ha precedido y, (...) que sea instruido. Un hombre es instruido, cuando puede resolver los problemas presentes en su actividad cotidiana

El diccionario de la Lengua Española lo define como: Acción de preparar o prepararse (1962) Álvarez de Zayas, C, al referirse a la preparación la concibió como expresión del problema de la Pedagogía, refirió que la preparación de los ciudadanos de un país es una de las necesidades más importantes a satisfacer en cualquier sociedad y expresó que un individuo está preparado cuando se haya apropiado de parte de la cultura que le ha precedido. (Álvarez de Zayas, C, 1999)

El francés Soussan, G, afirmó "… la preparación permanente de los maestros debe estar en el corazón del sistema educativo…" (Soussan, G, 2002). Esta afirmación constituye una idea esencial porque el papel del maestro es insustituible y su preparación permanente es lo que le permite estar actualizado para asumir los retos que la sociedad le plantea.

Refiriéndose a la necesidad de actualización sistemática del maestro, Paniaga Fernández, M. E, expresó "…si los maestros no tienen la preparación necesaria, no pueden enseñar lo que no saben, deben estar preparados para el rol fundamental de conductores de las generaciones del futuro y con una actitud de aprendices permanentes a lo largo de toda su carrera profesional…" (Paniaga Fernández, M. E, 2002). En esta expresión se concibe la preparación permanente del maestro como una condición indispensable, sin la cual no se puede garantizar la calidad de la educación en la escuela.

Por otra parte el autor Chávez, J. (2005) es del criterio que cuando se habla de preparación, no se hace referencia a aprendizajes particulares, destrezas o habilidades, sino a las regularidades del proceso educativo; es decir, expresa la dirección del desarrollo y este conduce a la formación a un nivel psíquico de orden superior.

La autora de acuerdo con el criterio de la doctora González, K. quien en su tesis de doctorado la concibe como..." la apropiación teórica, metodológica y práctica que permitirá adquirir conocimientos, desarrollar habilidades, motivarse por la actividad y asumir una actitud positiva hacia la enseñanza", (González, 2006: 28).

No se encontraron otras fuentes en la literatura científica que aborden el término preparación como objeto de estudio, sino que se utiliza indistintamente acompañado de complementos preposicionales (ej. preparación de maestros, docentes, y en dirección) o de adjetivos (preparación eficiente) adquiriendo así diferentes significados de acuerdo al elemento que lo acompañe, por lo que se consultan diferentes diccionarios asumiendo el significado del Diccionario de Encarta del 2007. Preparación. (Del lat. *praeparatĭo, -ōnis*). f. *Acción y efecto de preparar o prepararse.* || *2. Conocimientos que alguien tiene de cierta materia.* || (Microsoft® Encarta®, 2007).

El investigador Garófalo Fernández, N, destacó la importancia que posee la preparación constante y multidisciplinaria del maestro, por la trascendencia de su labor (Garófalo Fernández, N, 2008), la autora de esta investigación comparte dicho criterio, debido a la necesidad que el docente tiene que actualizarse sistemáticamente.

La autora Mendoza del Toro, I. R (2008) refiere en su obra que se entiende por preparación de los docentes al nivel de desarrollo que posee el docente para garantizar el conocimiento de los principios y fundamentos de la concepción del perfeccionamiento y, en ocasiones adecuar el trabajo con los programas vigentes; así como mostrar dominio de los objetivos y contenidos del ciclo aplicando métodos y procedimientos que posibiliten la formación integral de los niños. (Mendoza del Toro, I. R., 2008).

Arteaga González, S. R, logró puntos de coincidencias con Añorga Morales, J, al considerar que la preparación permanente del maestro es un proceso consciente de apropiación de conocimientos, capacidades, habilidades y actitudes imprescindibles para instrumentar en la práctica educativa el sistema de actividades docentes, extradocentes y extraescolares durante el proceso educativo en la escuela. (Arteaga González, S. R, 2009).

Se coincide con estas autoras al reconocer la necesidad de enriquecer los conocimientos, desarrollar capacidades y habilidades en la preparación como condición esencial para cumplir con las funciones asignadas en la escuela. Como se puede apreciar, los antecedentes de la preparación del docente apuntan a que debe ser sistemática para garantizar la calidad de la educación en la escuela y que puedan resolver los problemas que se presentan en su práctica pedagógica.

El análisis de los puntos de vista anteriores permiten reafirmar la significación del concepto "Preparación" en el sentido de que es la primera etapa en la formación de los docentes e implica la conjugación de las acciones teórico-prácticas que se organicen con este objetivo, las cuales constituyen diferentes formas organizativas que contribuyen progresivamente a esa formación.

Para que se pueda lograr una preparación efectiva es indispensable que se realice una adecuada selección del contenido, y para ello, debe hacerse un estudio que permita tener en cuenta los elementos que hasta el momento se han abordado sobre tan importante aspecto.

La preparación del personal docente debe responder a las necesidades de dicho personal en un contexto histórico social determinado. Se hace necesario, como fundamento teórico de esta investigación, recorrer la evolución que ha tenido en Cuba este proceso a lo largo de la historia, en particular la preparación para dirigir la formación laboral, para poder valorar cuales han sido las modalidades de preparación más empleadas, las temáticas más trabajadas, las estrategias de preparación empleadas y poder diseñar una preparación partiendo de los aspectos positivos logrados hasta el momento que proyecte la solución al problema científico planteado.

De acuerdo con lo anterior, la autora de esta investigación, precisa que para preparar a todo docente, en este caso el docente a tiempo parcial es necesario tener en cuenta un diagnóstico fino e integral, para proponer acciones en la que se integren varias formas de preparación partiendo de las potencialidades que cada uno ofrece a este proceso.

Por lo que se asume la definición de preparación para el docente a tiempo parcial como el proceso docente -educativo de carácter continuo, planificado por y para el docente que labora a tiempo parcial o completo en la SUM con el propósito de actualizar y perfeccionar su desempeño profesional pedagógico actual y/o perspectivo en correspondencia con los requerimientos de la universidad cubana actual. González Pérez, M. (2012).

1.3 La preparación del docente a tiempo parcial.

Las transformaciones en que se encuentra inmersa la Educación Superior, entre ellas la creación de las Filiales Universitarias en cada uno de los municipios de las provincias, demanda el establecimiento de condiciones de preparación de sus docentes, que promuevan cada vez más una labor creadora, de acuerdo a las condiciones del contexto en que está situada, estos cambios tienen como condición fundamental la necesidad de considerar al profesor como el principal protagonista en la dirección del proceso que dirige.

Con la creación de las llamadas en ese entonces Sedes Universitaria hoy Filiales Universitarias en los municipios en Cuba, en el año 2002, se concreta, lo más revolucionario en el viejo sueño de la universalización de la educación superior, mencionado por el Comandante en Jefe Fidel Castro desde los primeros años de la Revolución. Con su apertura en cada municipio del país, elevando así su cultura general y capacitándose para poder contribuir al desarrollo social, económico y político de cada territorio sin alejarse del mismo, lo que incuestionablemente, contribuye a evitar la pérdida de los recursos humanos que sufrían los municipios.

Profesor a tiempo parcial es una nueva categoría docente que surge para denominar a los docentes que asumen la enseñanza superior en el proceso de universalización en cada territorio (anteriormente llamados docentes adjuntos), viven en la comunidad o municipio donde se encuentra la sede Universitaria, pero en su mayoría han permanecido desvinculados de todo tipo de preparación posgraduada. En su nuevo rol asumen dos niveles de enseñanza, cuyos fundamentos didácticos son diferentes, como lo son también sus estudiantes. Es, además, profesor tutor de los maestros – alumnos en formación para que adquieran y perfeccionen los modos de actuación de la profesión pedagógica propiciando su crecimiento personal, desarrollo de capacidades y elevados valores morales. Vega Acuña, A. M (2008)

La preparación del docente en la Filial Universitaria requiere de una planificación, ejecución y control, se debe realizar teniendo en cuenta las características de cada docente en particular. La responsabilidad de las sedes es proyectar acertadamente las acciones de superación, preparación, actualización de contenidos, metodologías, investigación o a varias de ellas según el caso de los docentes.

A partir del curso 2009-2010 la Educación Superior cubana realizó un reordenamiento de su estructura, en particular en los municipios con la creación del CUM (Centro Universitario Municipal) y Filiales Universitarias, pero continúa su presencia en el mismo y cobra singular importancia su papel en el territorio como acompañante del Gobierno en la gestión del desarrollo local, en esta tarea el proceso de Extensión Universitaria como expresión de la práctica de los conocimientos adquiridos en las aulas es indispensable.

En los inicios del siglo XXI con el proceso de universalización de la enseñanza que permitió la extensión de la universidad y de sus procesos sustantivos a todos los territorios, con el fin de alcanzar mayores niveles de equidad y justicia social y de hecho elevar la cultura integral de los ciudadanos el claustro universitario se nutrió de docentes a tiempo parcial, cambiando la composición y características del claustro, lo que conduce a diseñar nuevas formas de superación pedagógicas que dieran respuesta a las necesidades de estos docentes.

El sistema de formación existente hasta el presente son variados y las instituciones educativas han ganado en experiencias sobre la implementación de los mismos, lo que se evidencia en las nuevas directivas que norman la formación postgraduada de los docentes universitarios, entre los que se destaca la Instrucción No 3/08 y los Lineamientos para la superación postgraduada de los docentes universitarios (2010), que declaran el sistema de superación en general para los docentes universitarios a tiempo completo y a tiempo parcial.

La preparación de los docentes de las Filiales Universitarias debe planificarse según el diagnóstico, atendiendo las necesidades y potencialidades de sus docentes, pueden diseñar cursos con sus respectivos programas para atender los problemas que presenten sus docentes, en este caso deben prepararse para el uso de la computadora como medio de enseñanza.

Es muy importante comprender que la nueva universidad del municipio, no es una universidad diferente a la de las Sedes Centrales y que esta universidad creada como resultado de esta integración, tiene que ser portadora de todas las fortalezas de aquella.

Los claustros de las Filiales Universitarias Municipales fueron constituidos, con un reducido número de docentes a tiempo completo y una mayoritaria cantidad de docentes a tiempo parcial, que son contratados entre los profesionales de los territorios en las diferentes disciplinas, que laboran en los centros de producción y servicio de los municipios.

El Ministerio de Educación Superior Cubano, por su parte, no ha estado al margen de estos avances y se ha realizado profundas transformaciones, entre las que se encuentra la universalización de los estudios universitarios, donde se amplía la utilización, como docentes a tiempo parcial, de profesionales que laboran en el propio territorio (profesionales-docentes) como objetivo estratégico para poner el conocimiento al alcance de todos. Es esta una Universidad comprometida con la Revolución Cubana y el Socialismo; científica, tecnológica y humanista, tanto en su concepción como en su desempeño; lo cual, en el nuevo contexto de la crisis económica mundial, ha requerido de grandes esfuerzos en el aseguramiento de los recursos materiales y humanos como condición necesaria para el desarrollo del proceso docente educativo.

Esta particularidad del claustro, ha tenido su expresión en la manifestación de una tendencia en estos docentes a la no integración de las TIC como un componente curricular más a considerar, a partir de los retos que impone el modelo actual de Universalización, lo que aporta un elemento de referencia en cuanto a la actitud que asumen los mismos ante el cambio educativo, condicionado por la irrupción de los medios tecnológicos y al tipo de códigos que suelen utilizar para el desarrollo del proceso de enseñanza- aprendizaje: los verbales y en soporte impreso. Dicha realidad contrasta, a la par, con el uso ocasional que hacen de los mediadores didácticos; ignorándose la dinámica que entre la tradición y las tecnologías se puede establecer en función de un PEA desarrollador.

Asimismo, la expresión marcada de cómo el manejo de los medios de enseñanza no ha alterado o transformado, ni los métodos de impartir las clases, ni la forma de estructurar los contenidos por parte de los docentes en estas sedes, eco de la insuficiente preparación didáctica y pedagógica, denota la necesidad de una estrategia de preparación metodológica que los prepare en la utilización de los medios de enseñanza en la universidad cubana actual.

La preparación del docente, debe responder a las necesidades de dicho personal en un contexto histórico social determinado por lo que se hace necesario, como fundamento teórico de esta investigación, recorrer brevemente la evolución que ha tenido en Cuba la preparación de los docentes a lo largo de la historia, para poder valorar cuales han sido las modalidades de preparación más empleadas, las temáticas más trabajadas, las estrategias de preparación empleadas y entonces poder diseñar una preparación partiendo de los aspectos positivos logrados hasta el momento que proyecte la solución al problema científico planteado.

El docente a tiempo parcial ha asumido con gran responsabilidad la formación de nuevos profesionales. Su número se ha incrementado en la misma medida en que se ha ido transformando las sedes. Estos son docentes que se caracterizan, en su mayoría, por:

- Ser graduado de una profesión no pedagógica en la mayoría de los casos.
- Puede ser considerado un profesor debutante, pues no llega a cinco cursos de trabajo.
- No se dedica sólo a esa actividad, tiene otro vínculo de trabajo al que le dedica más tiempo.
- Trabaja en un modelo de enseñanza aprendizaje semipresencial, diferente al de su formación universitaria.
- En su desempeño actual predominan las funciones como profesor de asignatura, como tutor y como directivo.

A partir de esta caracterización que la autora asume del docente a tiempo parcial podemos abordar que existen necesidades como:

- Que se planifiquen temas relacionados con el uso de la computadora.
- Que se planifiquen tiempo de máquina para que los docentes puedan interactuar de manera sistemática con la computadora.
- Que se realicen diferentes actividades metodológicas para elevar los conocimientos y habilidades para operar con los programas de la computadora.
- Motivar a los docentes sobre la importancia del uso de la computadora.
- Realizar búsquedas de información relacionada con la labor que desempeñan en la Filial Universitaria.

- Potenciar los procesos lógicos del pensamiento que permitan la aproximación consciente a la interrelación de los programas, para alcanzar niveles de aprendizaje en el docente a tiempo parcial.
- Posibilitar con el uso de la computadora como medio de enseñanza el tratamiento de los elementos básicos de los hechos, fenómenos y procesos, para la formación de juicios, valoraciones y reflexiones desde diferentes elementos de los programa.
- Necesidades de formación metodológica.

1.4 El uso de la computadora como medio de enseñanza.

Al estudio de los medios de enseñanza se le ha dedicado un gran esfuerzo, fundamentalmente en el sentido del perfeccionamiento teórico.

Algunos autores como Lothar Klinberg(1978), Jorge García Galló (1983), Vicente González Castro (1986) y otros hacen un pormenorizado análisis de las diferentes definiciones de medios de enseñanza en su sentido más amplio y más restringido.

En el tercer Seminario Nacional para dirigentes y metodólogos e inspectores se plantea que "los medios de enseñanza como todos los componentes del proceso docente educativo actúan como soporte material de los métodos con el propósito de lograr los objetivos propuestos". (2,1)

Así el Dr. Rodolfo B. Gutiérrez Moreno del ISP "Félix Varela" de Villa Clara (2002) plantea que se entiende como medio de enseñanza "a todos aquellos elementos que le sirven de soporte material a los métodos para posibilitar el logro de los objetivos propuestos". (1,1).

El medio de enseñanza le sirve de soporte material a los métodos al darle movimiento a éstos para lograr los objetivos propuestos, facilita al maestro la planificación de su clase y el logro de los objetivos planificados.

Se puede destacar que la utilización de los medios de enseñanza toma la amplitud que se desee ya que todo lo que contribuye a la enseñanza es un medio para tal fin.

La utilización de los medios de enseñanza en nuestras clases propicia la creatividad del maestro y logran su efectividad de acuerdo con el modo de actuación del mismo, logrando los objetivos que se proponga.

Los medios de enseñanza son el canal a través del cual se trasmiten los mensajes de los docentes, son el sustento material de los mismos en el contexto de clase. Sirven para la labor expositiva del maestro, para el trabajo independiente del alumno, para los seminarios o clases prácticas, para la búsqueda o ejercitación, o para la enseñanza polémica. Sirven para aprender o controlar lo aprendido.

El empleo de los medios de enseñanza en la pedagogía socialista se sustenta esencialmente en la teoría leninista del conocimiento. Esta teoría tuvo el gran significado, de llevar la dialéctica al terreno del conocimiento y además el de la introducción de la práctica de la gnoseología como base y criterio de la veracidad del saber (3,203)

Es necesario, primeramente recordar que el proceso de conocimiento ocurre en dos grandes niveles, en lo sensorial (las sensaciones, percepciones y representaciones) y en lo racional (el pensamiento y sus diversas formas: conceptos, juicios, deducciones, hipótesis, teorías.

Lenin en su obra Materialismo y Empiriocriticismo, establece que la primera premisa del conocimiento es, indudablemente, las sensaciones que son el único origen de nuestro conocimiento, Lenin señala también que: .. "En una palabra, todas las abstracciones científicas correctas, serias, reflejan la naturaleza en forma más profunda, veraz y completa. De la percepción viva al pensamiento abstracto, y de éste a la práctica: tal es el camino dialéctico del conocimiento de la verdad del conocimiento de la realidad objetiva" (4,165), Sánchez Morales (2008).

Partiendo de la definición de medios de enseñanza: Son medios auxiliares para el trabajo del maestro, es decir, estos son el soporte material de los métodos para lograr el objetivo, con ellos las clases son más dinámicas, activas los alumnos comprenden y fijan mejor los conocimientos (González. V. 1990, p.45)

El concepto de medios de enseñanza, ha sido abordado por varios autores y ha sufrido transformaciones en la medida que la técnica contemporánea ha traído al aula diferentes recursos. En estudios realizados por la autora de esta investigación se pudo constatar que varios autores definen el concepto de medios de enseñanza entre ellos se pueden citar Aguayo, A. (1924); Klingberg, L. (1972,1978); Galló, J. G. (1983); García, J. (1983); González, V. (1986, 1990); Colom y otros (1988); el colectivo de autores de investigadores del Instituto Central de Ciencias Pedagógicas (ICCP, 1989); Álvarez de Zayas, C. M. (1999); Gutiérrez, R. (2002); Addine, F. (2004, 2006) y otros, quienes coinciden en reafirmar que son objetos de la realidad objetiva, recursos, ideas, fenómenos, un componente del proceso de enseñanza-aprendizaje, que se utiliza para trasmitir información los cuales sirven de soporte material a los métodos y son necesarios para lograr los objetivos propuestos.

La autora asume la definición dada por González Castro, V. cuando planteó que los medios de enseñanza son "todos los componentes del proceso docente- educativo que actúan como soporte material de los métodos (instructivos o educativos) con el propósito de lograr los objetivos planteados" González, V. (1990) esta definición es muy amplia pues abarca desde los medios de alta tecnología hasta una simple hoja de trabajo.
Autores como Khorin, I. (1979); Kaprivin, V. (1981); Cabero, A. (1992); García, M. (2001); García, J. (2001); Barrios, Ll. (2002); Rico, P. (2002); Cabero J. y otros (2002); Portal, R. (2002); realizaron valoraciones sobre los medios de enseñanza, su uso en el proceso de enseñanza-aprendizaje para elevar la calidad de las clases, hacen reflexiones sobre su utilización, precisan sus funciones pedagógicas y psicológicas, también hacen alusión a su importancia en el desarrollo del aprendizaje del escolar, factor indispensable para destacar el papel que juegan los medios.

Otros autores realizan diferentes clasificaciones de los medios de enseñanza entre ellos Klingberg, L. (1972), González, V. (1986); Gutiórrez, R. (2002); Fernández, B. (2002) coinciden en que existen medios que posibilitan transmisión de información, ayudan a la experimentación, a la programación de la enseñanza, contribuyen a la ejercitación o entrenamiento.

Otros como Galkan, D. (1973); Miranda, M. (1982); Díaz, H. (1989); Cabero, J. (1994); Fernández, B. (1997); Torres, C. (1998); Labarrere G. y Valdivia, G. (2001); López, L. y otro, (2001); Bravo, J. L. (2002); Castaño, C. (2002); refieren en sus obras que los medios de enseñanza son potenciadores de habilidades intelectuales en los alumnos, son asimismo, un vehículo expresivo para comunicar las ideas, sentimientos, opiniones de los alumnos, son soportes que mantienen estable e inalterable la información, la vía y la adquisición de los contenidos que están determinados por la relación objetivo-contenido-método.

Los medios informáticos (Computadora) de que se dispone en las aulas favorecen actitudes como ayudar a los compañeros, intercambiar información relevante encontrada en Internet, resolver problemas a los que los tienen. Estimula a los componentes de los grupos a intercambiar ideas, a discutir y decidir en común, a razonar el por qué de tal opinión. (Palomo, Ruiz y Sánchez en 2006).

Varios son los autores que hablan de la computadora como medio de enseñanza y las posibilidades que brinda para perfeccionar el proceso de enseñanza aprendizaje en relación con cada uno de sus componentes, partiendo de lo anterior la autora asume estas dos últimas definiciones porque la computadora ayuda a tomar actitudes en las personas, permite el intercambio de información y permite resolver problemas que se pueden presentar.

Una computadora (Hispanoamérica) u ordenador (España) es un dispositivo electrónico compuesto básicamente de un procesador, una memoria y los dispositivos de entrada/salida (E/S). Por otro lado se dice que una computadora u ordenador es un sistema digital con tecnología microelectrónica capaz de procesar información a partir de un grupo de instrucciones denominado programa. La estructura básica de una computadora incluye microprocesador (CPU), memoria y dispositivos de entrada/salida (E/S), junto a los buses que permiten la comunicación entre ellos.

El origen de las máquinas de calcular está dado por el ábaco chino, éste era una tablilla dividida en columnas en la cual la primera, contando desde la derecha, correspondía a las unidades, la siguiente a la de las decenas, y así sucesivamente. A través de sus movimientos se podía realizar operaciones de adición y sustracción. Otro de los hechos importantes en la evolución de la informática lo situamos en el siglo XVII, donde el científico francés Blas Pascal inventó una máquina calculadora. Este solo servía para hacer sumas y restas, pero este dispositivo sirvió como base para que el alemán Leibnitz, en el siglo XVIII, desarrollara una máquina que, además de realizar operaciones de adición y sustracción, podía efectuar operaciones de producto y cociente. Ya en el siglo XIX se comercializaron las primeras máquinas de calcular. En este siglo el matemático inglés Babbage desarrolló lo que se llamó "Máquina Analítica", la cual podía realizar cualquier operación matemática. Además disponía de una memoria que podía almacenar 1000 números de 50 cifras y hasta podía usar funciones auxiliares, sin embargo seguía teniendo la limitación de ser mecánica. Recién en el primer tercio del siglo XX, con el desarrollo de la electrónica, se empiezan a solucionar los problemas técnicos que acarreaban estas máquinas, reemplazándose los sistemas de engranaje y varillas por impulsos eléctricos, estableciéndose que cuando hay un paso de corriente eléctrica será representado con un *1* y cuando no haya un paso de corriente eléctrica se representaría con un *0*. Con el desarrollo de la segunda guerra mundial se construye el primer ordenador, el cual fue llamado Mark I y su funcionamiento se basaba en interruptores mecánicos.

En 1944 se construyó el primer ordenador con fines prácticos que se denominó Eniac.

En 1951 son desarrollados el Univac I y el Univac II (se puede decir que es el punto de partida en el surgimiento de los verdaderos ordenadores, que serán de acceso común a la gente).

Generaciones

1° Generación: se desarrolla entre 1940 y 1952. Es la época de los ordenadores que funcionaban a válvulas y el uso era exclusivo para el ámbito científico/militar. Para poder programarlos había que modificar directamente los valores de los circuitos de las máquinas.

2° Generación: va desde 1952 a 1964. Ésta surge cuando se sustituye la válvula por el transistor. En esta generación aparecen los primeros ordenadores comerciales, los cuales ya tenían una programación previa que serían los sistemas operativos. Éstos interpretaban instrucciones en lenguaje de programación (Cobol, Fortran), de esta manera, el programador escribía sus programas en esos lenguajes y el ordenador era capaz de traducirlo al lenguaje máquina.

3° Generación: se dio entre 1964 y 1971. Es la generación en la cual se comienzan a utilizar los circuitos integrados; esto permitió por un lado abaratar costos y por el otro aumentar la capacidad de procesamiento reduciendo el tamaño físico de las máquinas. Por otra parte, esta generación es importante porque se da un notable mejoramiento en los lenguajes de programación y, además, surgen los programas utilitarios.

4° Generación: se desarrolla entre los años 1971 y 1981. Esta fase de evolución se caracterizó por la integración de los componentes electrónicos, y esto dio lugar a la aparición del microprocesador, que es la integración de todos los elementos básicos del ordenador en un sólo circuito integrado.

5° Generación: va desde 1981 hasta nuestros días (aunque ciertos expertos consideran finalizada esta generación con la aparición de los procesadores Pentium, consideraremos que aún no ha finalizado). Esta quinta generación se caracteriza por el surgimiento de la PC, tal como se la conoce actualmente.

El estudio de evaluación PISA publicó que las personas que tienen computadora en su casa y acceso de estas en la escuela registran un nivel más alto. PISA es la abreviatura de Programms for International Student Assessment que realiza la Organización para la Cooperación Económica y Desarrollo, OECD, que analiza la calidad y equidad del nivel de aprendizaje de los adolescentes de 15 años comparativamente en 28 países. Hasta ahora los estudios se concentraron en lectura, ciencias naturales y matemáticas. Los alumnos alemanes se ubican alrededor del lugar 18 al 24.

La OECD simplemente ve una relación directa entre el acceso a una computadora y el rendimiento. Los expertos en educación del Instituto de Investigación Económica (Ifo) de Múnich, Ludger Wößmann y Thomas Fuchs, piensan que este criterio es insuficiente. Fuchs señala que la computadora en la casa significa que la familia está en una posición social mejor. Los hijos cuyos padres son profesionales, tienen de por sí mejor nivel.

Como instrumento o medio para educarse, informarse, investigar, comparar, entrenar el cerebro, la memoria, la rapidez mental y, en general, las capacidades mentales, la computadora es excelente.

Norbert Holz, profesor y consejero de ciencias mediales en la Universidad Técnica de Berlín, asegura que algunos juegos son excelentes para entrenar la confrontación con la realidad y la solución de problemas. Son, por ejemplo, los juegos de estrategia que simulan la realidad y ofrecen varias tácticas para llegar a una meta determinada. En esos juegos no se trata del bien y del mal. En la estrategia no hay aumento de moral pero sí, de inteligencia.

El autor Steven Johnson, profesor del Computer Cience Department de la Universidad de Indiana, va aún más lejos: afirma que el uso de la computadora llevan a un aumento de inteligencia y entrenan la capacidad cognitiva más que los libros. "La lectura de libros lleva a una falta de estímulo crónica de los sentidos. Frente a un mundo complejo lleno de imágenes móviles y paisajes musicales, los libros son un alineación aburrida de palabras en un camino lineal establecido".

Las opiniones son encontradas. Algunos defienden la computadora con sus posibilidades de comunicación con el mundo entero, la facilidad de crear lazos sociales complejos e investigar mundos virtuales. Por supuesto que esta teoría no considera el aspecto de aislamiento frente a una máquina, incluso recalca que a menudo los niños se agrupan frente a una pantalla o que se produce comunicación a través de los juegos virtuales interactivos. Y, al mismo tiempo, considera que la actitud de leer obliga al niño a recluirse en una habitación, aislado y consumiendo pasivamente.

Dentro de las posibilidades que brinda la computadora como medio de enseñanza concretamos que tantos beneficios resulta imprudente prescindir de un medio tan valioso como lo es la computadora, que puede conducirnos a un mejor accionar dentro del campo de la educación. Pero para alcanzar ese objetivo, la enseñanza debe tener en cuenta no sólo la psicología de cada alumno, sino también las teorías del aprendizaje, aunque se desconozca aún elementos fundamentales de esos campos. Sin embargo, la educación en general y la Informática Educativa en particular, carecen aún de estima en influyentes núcleos de la población, creándose entonces serios problemas educativos que resultan difíciles de resolver y que finalmente condicionan el desarrollo global de la sociedad. La mejora del aprendizaje resulta ser uno de los anhelos más importante de todos los docentes; de allí que la enseñanza individualizada y el aumento de productividad de los mismos son los problemas críticos que se plantean en educación; el aprendizaje se logra mejor cuando es activo, es decir cuando cada estudiante crea sus conocimientos en un ambiente dinámico de descubrimiento.

La duración de las clases y la metodología empleada en la actualidad, son factores que conducen fundamentalmente a un aprendizaje pasivo. Dado que la adquisición de los conocimientos no es activa para la mayoría de los estudiantes la personalización se hace difícil. Sería loable que los docentes dedicasen más tiempo a los estudiantes en forma individual o en grupos pequeños; solamente cuando cada estudiante se esfuerza en realizar tareas, podemos prestarle atención como individuo.

La incorporación de nuevos avances tecnológicos al proceso educativo necesita estar subordinada a una concepción pedagógica global que valorice las libertades individuales, la serena reflexión de las personas y la igualdad de oportunidades, hitos trascendentes en la formación de las personas, con vistas a preservar en la comunidad los valores de la verdad y la justicia. La computadora es entonces una herramienta, un medio didáctico eficaz que sirve como instrumento para formar personas libres y solidarias, amantes de la verdad y la justicia. En consecuencia toda evaluación de un proyecto de Informática Educativa debería tener en consideración en qué medida se han logrado esos objetivos.

La revolución informática iniciada hace cincuenta años e intensificada en la última década mediante el incesante progreso de las nuevas tecnologías multimediales y las redes de datos en los distintos ambientes en los que se desenvuelven las actividades humanas, juntamente con la creciente globalización de la economía y el conocimiento, conducen a profundos cambios estructurales en todas las naciones, de los que la República Argentina no puede permanecer ajeno y en consecuencia a una impostergable modernización de los medios y herramientas con que se planifican, desarrollan y evalúan las diferentes actividades, entre otras, las que se llevan a cabo en los institutos de enseñanza del país.

El análisis sobre las computadoras y la escuela, tema reservado inicialmente a los especialistas en educación e Informática, se ha convertido en un debate público sobre la informática en la escuela y sus consecuencias sociales. Variada resulta en la actualidad el abanico de las diversas realidades en que se desenvuelven los establecimientos educacionales, desde los que realizan denodados esfuerzos por mantener sus puertas abiertas brindando un irremplazable servicio, hasta aquellos otros que han logrado evolucionar a tono con los modernos avances tecnológicos, sin olvidar una significativa mayoría de los que diariamente llevan a cabo una silenciosa e invalorable tarea en el seno de la comunidad de la que se nutren y a la que sirven.

Esas realidades comprenden también -en muchos casos- la escasez de docentes debidamente capacitados, las dificultades relacionadas con la estabilidad del personal disponible, la persistencia de diversos problemas de infraestructura edilicia, la discontinuidad en los proyectos emprendidos y las estrecheces económicas siempre vigente, sin olvidar las inevitables consecuencias en la implementación de la

Ley Federal de Educación de reciente aprobación. La Informática incide a través de múltiples facetas en el proceso de formación de las personas y del desenvolvimiento de la sociedad; puede ser observado desde diversos ángulos, entre los que cabe destacarse.

Actualmente, existe y se consolida un modelo de enseñanza en el que la informática ocupa un lugar bien definido. Este modelo está estrechamente relacionado con el entorno tecnológico donde la sociedad se desarrolla, además el mismo se encuentra en constante evolución.

Los medios de enseñanza están íntimamente relacionados con las restantes componentes del proceso. Es conocido que los medios de enseñanza son "el sistema de componentes materiales que apoyan y elevan la calidad del Proceso Docente Educativo". (11)

Una definición acorde a la teoría de la formación por etapas de las acciones mentales expresa:" Se entiende como medio de enseñanza a todo componente material del Proceso Docente Educativo con el que los escolares realizan en el plano externo las acciones físicas específicas dirigidas a la apropiación de los conocimientos y habilidades".

Los medios de enseñanza pueden ser clasificados según su naturaleza en:
- Objetos naturales e industriales.
- Objetos impresos y estampados.
- Medios sonoros y de proyección.

Materiales para la enseñanza programada y de control.

El análisis de todo ello, de forma integral, permite considerar que la computadora y los materiales de estudio computarizados utilizados por el docente, coinciden con cada uno de estos elementos incluidos en la definición. Es decir, es un dispositivo de cuyo uso se puede derivar una reconceptualización de la enseñanza y propicia un conocimiento por diferentes vías relacionadas precisamente con la naturaleza de la misma. La computadora, como medio de enseñanza resulta un eficiente auxiliar del docente en la preparación e impartición de las clases ya que contribuye a una mayor ganancia metodológica y a una racionalización de las actividades del profesor y los escolares, apoya directamente el Proceso de Enseñanza - Aprendizaje constituyendo un efectivo instrumento para el desarrollo educacional del hombre del próximo siglo. A diferencia del docente, la computadora no manifiesta impaciencia alguna al cometerse errores repetidamente.

- Permite la interactividad con los escolares retroalimentándolos y evaluándolos.
- Aprendiendo, a través de ella se puede demostrar el problema como tal.
- Facilita las representaciones animadas.
- Incide en el desarrollo de las habilidades a través de la ejercitación. Permite simular procesos complejos.
- Reduce el tiempo de que se dispone para impartir gran cantidad de conocimientos, facilitando un trabajo diferenciado e introduciendo al docente en el trabajo con los medios computarizados.
- Facilita el trabajo independiente y a la vez un tratamiento individual de las diferencias.
- Permite al docente introducirse en las técnicas más avanzadas.

La computación en la enseñanza está reconocida que puede ser utilizada en el Proceso Enseñanza-Aprendizaje de tres formas fundamentales.

- Como objeto de estudio.
- Como medio de enseñanza.
- Como herramienta de trabajo.

Dada la perspectiva de desarrollo actual de los países, tanto desde el punto de vista social como económico, aprender computación se ha convertido en una razón útil para desarrollar la formación de especialistas en cualquier esfera del desarrollo tecnológico. También constituye desde el punto de vista individual una perspectiva de realización profesional en la misma medida que se va ligando a las diferentes actividades, ocupaciones y profesiones.

Las computadoras pueden jugar diversos roles en educación, pero sobre ninguno se ha hablado tanto y hecho tan poco como el de servir de medio de enseñanza-aprendizaje. En efecto, el computador como objeto de estudio está siendo ampliamente tratado en casi todos los niveles y modalidades educativas; a nivel social y personal hay una creciente demanda para aprender acerca de la computadora, por los beneficios personales y sociales que esto conlleva. Por otra parte, la computadora como herramienta de trabajo ha transformado muchos ambientes laborales, entre ellos el educativo, simplificando los aspectos operativos y amplificando la labor intelectual de quienes tienen acceso a computadoras y programas de propósito general (p.ej., procesadores de texto, hojas de cálculo, manejadores de bases de datos, graficadores).

La computadora se convierte en una poderosa y versátil herramienta que transforma a los docentes, de receptores pasivos de la información en participantes activos, en un enriquecedor proceso de aprendizaje en el que desempeña un papel primordial la facilidad de relacionar sucesivamente distintos tipos de información, personalizando la educación, al permitir a cada alumno avanzar según su propia capacidad.

El docente debe seleccionar cuidadosamente el material a estudiar a través de la computadora; será necesario que establezca una metodología de estudio, de aprendizaje y evaluación, que no convierta por ejemplo a la información brindada a través de un CD-ROM en un simple libro animado, en el que el alumno consuma grandes cantidades de información que no aporten demasiado a su formación personal.

Sin embargo, la educación en general y la Informática Educativa en particular, carecen aún de estima en influyentes núcleos de la población, creándose entonces serios problemas educativos que resultan difíciles de resolver y que finalmente condicionan el desarrollo global de la sociedad. La mejora del aprendizaje resulta ser uno de los anhelos más importante de todos los docentes; de allí que la enseñanza individualizada y el aumento de productividad de los mismos son los problemas críticos que se plantean en educación; el aprendizaje se logra mejor cuando es activo, es decir cuando cada docente crea sus conocimientos en un ambiente dinámico de descubrimiento.

Por todo lo expuesto anteriormente se puede asumir que la computadora se puede utilizar como medio de enseñanza pues, sirve para activar el proceso enseñanza-aprendizaje en los educandos; siempre que el docente sea creativo y tenga un modo de actuación activo en su accionar diario puede lograr los objetivos que se haya propuesto con gran calidad e incentivar la creatividad en su desempeño y una buena motivación por aprender algo nuevo cada día.

El empleo de la computadora como medio de enseñanza facilita el óptimo aprovechamiento de los mecanismos sensoriales se logra una mayor retención de los conocimientos adquiridos lo que ha podido demostrarse según apunta V.V. Kaprivin, "La memorización y la memoria representan de por si la conservación de las huellas de la irritación mediante una especie de superposición de los irritantes sobre estas y la coincidencia de los irritantes de otras células de la corteza cerebral. (V.V. Kaprivin, 1981).

Los medios de enseñanza no solo contribuyen a ser más duraderos los conocimientos aprendidos, sino que también aumentan la motivación para la enseñanza y por la signatura en particular. Por otra parte los medios de enseñanza pueden crear intereses por el conocimiento desde el momento en que muestran aplicaciones de las leyes y fenómenos estudiadas, en la clase de la vida social y científica y su influencia para el individuo. También establecen la creación de intereses en el aprendizaje.

De manera destacada, la computadora como medio de enseñanza apoya la ejecución de importantes actividades mentales como descripciones, informes, comentarios, confecciones de ponencias las conclusiones deductivas e inductivas asi como la evaluación crítica de los resultados del pensamiento propio y ajeno.

1.5 La preparación del docente a tiempo parcial en el uso de la computadora como medio de enseñanza.

El conjunto de tecnologías que se concentran alrededor de las computadoras personales, de las tecnologías de la información y de la comunicación, es sin duda la innovación que más ha influido en el desarrollo de la vida social de fines del siglo XX y comienzo del XXI. El desarrollo de estas está teniendo una gran influencia en el ámbito educativo, ya que constituyen una nueva herramienta de trabajo que da acceso a una gran cantidad de información y que acerca y agiliza la labor de personas e instituciones distantes entre sí.

Los primeros esfuerzos por automatizar en parte el proceso enseñanza-aprendizaje se pueden encontrar en el uso de las máquinas de enseñanza de Sydney Pressey, profesor de un curso introductorio masivo de psicología educativa en la Universidad de Ohio quien, en la década de los 20, aplicaba a sus alumnos pruebas semanales que estimó le tomaban, para calificarlas, cinco meses de tiempo completo cada semestre.

Motivado por el posible ahorro de tiempo diseñó una máquina que se parecía al carro de una máquina de escribir, con cuatro teclas y una ventana larga por la cual se podría ver un marco con una pregunta y cuatro posibles respuestas. Después de leer las preguntas los estudiantes seleccionaban la respuesta más adecuada por medio de una de las teclas. Una prueba típica tenía 30 preguntas.

En 1957, Simón Ramo, un ingeniero eléctrico y exitoso industrial, publicó un plan visionario que describía el papel de la computadora en la educación. Por medio de esta máquina se automatizaría la enseñanza y también la administración de la misma.

Para la mitad de la década de los 60, ya se había establecido firmemente en el mundo empresarial el control administrativo que muchos de los procesos de negocios utilizando computadoras, y éstos habían emigrado a escuelas que contaban con computadoras como en el caso de las universidades importantes.

No obstante quedaba pendiente la administración detallada de la instrucción, así como la instrucción misma que hacen los maestros en clase. Los dos procesos dieron lugar a dos ramas del cómputo educativo: la Instrucción Administrada por Computadora (CMI del inglés Computer Managed Instruction) y la Instrucción Auxiliada por Computadora (CAI por sus siglas en inglés, Computer Aided Instruction).

Varios son los autores que han realizado estudios sobre el uso de las computadoras en la educación en diferentes contextos, tanto nacionales: Lombillo (2006), Díaz (2010), como internacionales: Bates (2001), Fernández y Cebreiro (2002), Fuentes (2003), Akbiyik (2010), Área (2010), Monereo (2010) asumiendo que los medios tecnológicos incorporan algunos cambios en la dinámica del proceso docente, pero no en las prácticas docentes que aún se basan esencialmente en un enfoque no sistémico y no integrado de estos componentes del proceso de enseñanza-aprendizaje (PEA).

Es por ello, que en el contexto educativo en el que se desarrolla esta investigación, adquiere especial relevancia el constante perfeccionamiento del PEA que conduzca a potenciar un espacio para incorporar de manera integrada y progresiva los adelantos científicos técnicos de la sociedad actual. Al decir de Horruitiner (2006): "Tal sistema es completo si se logran combinar los que propician una mejor comunicación en los encuentros presenciales con aquellos dirigidos a apoyar la autopreparación de los docentes" Horruitiner (2006, pág. 104).

Desde una teoría de la utilización de los medios de enseñanza, teniendo en cuenta los preceptos didácticos de cómo usar estos, desde una perspectiva metodológica y conductual como base para la preexistencia de una articulación lógica entre las actitudes que los docentes muestran ante el uso de los medios, su preparación docente, científica, pedagógica y metodológica, y su óptimo desempeño profesional en el aula, bajo las condiciones y el contexto imperantes.

Concebir e instrumentar este fin, en el escenario donde tiene lugar el proceso de enseñanza- aprendizaje de la Filiales Universitarias Municipales, implica tener en cuenta entre otros aspectos, las características del claustro que imparte la docencia y su preparación en el uso de la computadora como medio de enseñanza, que en la mayoría de los casos no tienen formación pedagógica.

La enseñanza universitaria requiere cada vez más que los docentes dominen un conjunto de conocimientos y habilidades que les permitan contribuir significativamente a la formación de profesionales que garanticen la satisfacción del encargo social en las ramas donde se desempeñan. Se ha podido comprobar, que la causa fundamental que afecta la preparación del docente a tiempo parcial para utilizar la computadora como medio de enseñanza es la insuficiente preparación de los mismos.

Destacan, de manera significativa, cómo los docentes afirman poseer una baja formación para la utilización de los medios de enseñanza en su actividad profesional (Epper y Bates, 2004), que es inferior en los aspectos didácticos con respecto a los técnicos y estéticos y que aún cuando no utilizan estos instrumentos de enseñanza aprendizaje en su práctica docente, los docentes tienden a percibirlos como útiles y beneficiosos (Cabero y col., 2003; Thomas y Stratton, 2006).

Es apreciable, y así lo demuestran los resultados del diagnóstico realizado por Lombillo (2006 y 2008) que, a pesar de la indiscutible importancia que sobre los medios de enseñanza insisten en destacar la mayoría de los documentos, investigaciones y autores, todavía existe cierta resistencia de los docentes con respecto a la utilización en el actual proceso de universalización de dichos recursos, realidad que se torna más compleja cuando se trata del empleo de los medios tradicionales combinados con las TIC.

Horrutinier, P (2006), teniendo en consideración el perfeccionamiento continuo de la educación superior y con la materialización del concepto de profesor a tiempo parcial en las carreras, así como el enfoque integral de la extensión de la universalización del conocimiento a todos los territorios, vio la necesidad de la preparación pedagógica "Si antes resultaba necesario la preparación pedagógica y didáctica de los docentes, en estos tiempos resulta imprescindible, debido a que se está hablando de una nueva universidad, con nuevas concepciones, donde se brinda especial atención al trabajo metodológico". Destaca que en esta tarea juega un papel importante el trabajo metodológico, en función de la preparación pedagógica de los docentes para asegurar la calidad del proceso enseñanza-aprendizaje. (Citado por Osmany Aguilera Almaguer, Madelin Aguilera Borjas y Rolando Rivero Cuesta, 2012, 6)

Se medita sobre cómo lograr la preparación que requiere el profesor a tiempo parcial en el uso de la computadora como medio de enseñanza, para enfrentar la realidad educativa y contribuir a elevar la efectividad y la calidad de su trabajo, los que se toman en cuenta en la investigación, no tienen una formación pedagógica y laboran en la Filial Universitaria Municipal, por lo que tiene importancia la preparación que reciban en la filial, con el fin de contribuir a la adquisición de conocimientos, al desarrollo de habilidades, a la formación de una cultura pedagógica a modo de posibilitar su mejor desempeño.

Lucio P. M., (2011) refiere que el docente a tiempo parcial en la actualidad debe prepararse desde la universidad pedagógica y considera que luego de pasada la etapa inicial, el profesor universitario debe continuar su formación de forma ascendente, lo que le permitirá actualizarse constantemente y sobre todo perfeccionar su práctica pedagógica, de acuerdo con las funciones que le sean asignadas, debe continuar su preparación, "vista no como un fin, sino como una necesidad para su desempeño y que debe ser organizada por la universidad de conjunto con las filiales universitarias municipales". (Pita, M., L. 2011)

El docente a tiempo parcial se encarga de llevar adelante el proceso de enseñanza-aprendizaje, por lo que, los directivos de la FUM deben planificar su preparación, en este caso en el uso de la computadora como medio de enseñanza, ya que va dirigida fundamentalmente a elevar la competencia y el desempeño profesional, desde el propio puesto de trabajo, constituyendo una vía más propicia para el logro de un proceso enseñanza-aprendizaje, cualitativamente superior.

La preparación del docente a tiempo parcial en el uso de la computadora como medio de enseñanza, en el orden metodológico, constituye un elemento de significativo valor en el contexto de la superación profesional, lo antes expuesto, contribuye al desarrollo profesional mediante la preparación que se realiza en las filiales universitarias municipales, una necesidad que permite un fortalecimiento del desempeño profesional del docente a tiempo parcial.

El docente a tiempo parcial, de la filial universitaria municipal es un profesional que tienen en sus manos, una gran responsabilidad en la formación integral de los estudiantes universitarios, que sean ricos en conocimientos, valores, que integre lo cognitivo, lo afectivo, lo instructivo y lo educativo, capaces de combinar todos los procesos sustantivos, para que sean seres humanos que, aprenda de la cultura de su época para lograr su asimilación, a través del proceso de enseñanza-aprendizaje. Estos fines no podrían cumplirse sin el auxilio de la didáctica.

En su preparación juega un papel importante el dominio de los componentes didácticos que son los que proporcionan la concatenación de los elementos del proceso de enseñanza-aprendizaje por ser considerados un sistema. Se necesita de una preparación para asegurar la requerida independencia y creatividad, la preparación suple con urgencia las carencias pedagógicas de los profesionales, que se enfrentan al ejercicio de la docencia y no tienen una formación pedagógica, por lo que a continuación se sistematizan determinados referentes que, a opinión de la autora se consideran esenciales.

A las filiales universitarias municipales le es imprescindible, para cumplir su encargo social, la actualización constante del profesor a tiempo parcial, en la autopreparación como docente, su superación profesional e investigativa, que se logra fundamentalmente a través de su preparación y lograr así elevar los niveles de eficiencia en el trabajo docente, de cada profesor en particular.

La preparación del docente implica que aprenda a poner en orden las ideas con creatividad, a jerarquizar y procesar aquellas que se obtienen por medio de un estudio intenso y evaluación crítica de la información, ordenar los datos adquiridos para presentarlos en forma escrita y defenderlos oralmente. Constituye un elemento esencial la experiencia acumulada al realizar el trabajo que lo deja en condiciones de darle continuidad a la actividad desarrollada.

Conclusiones del capítulo I.

El análisis de los antecedentes y fundamentos teóricos de la preparación del docente a tiempo parcial en el uso de la computadora como medio de enseñanza permitió comprender que la formación continua de los recursos humanos en el mundo actual se ha constituido en una necesidad del desarrollo social otorgándosele una importancia relevante al capital humano como factor de desarrollo. De ahí la atención prestada en las FUM como un elemento que garantiza estratégicamente la preparación de cada docente. Esta concepción de preparación debe tener en cuenta un estrecho vínculo entre la preparación teórica y el desempeño de los docentes, en aras de elevar el nivel de preparación.

CAPÍTULO II.   ELABORACIÓN DE LA ESTRATEGIA DE PREPARACIÓN METODOLÓGICA PARA EL DOCENTE A TIEMPO PARCIAL EN EL USO DE LA COMPUTADORA COMO MEDIO DE ENSEÑANZA.

El capítulo se determinan los indicadores, se realiza el análisis de los resultados del diagnóstico de la preparación del docente a tiempo parcial en la utilización de la computadora como medio de enseñanza. Se presenta además, la estrategia de preparación metodológica para el docente a tiempo parcial en el uso de la computadora como medio de enseñanza, para cumplir con el objetivo de la investigación, sus fundamentos, acciones y la evaluación de su calidad por el criterio de expertos.

2.1 Diagnóstico del estado actual de la preparación del docente a tiempo parcial en la utilización de la computadora como medio de enseñanza.

Para realizar el análisis de los resultados del diagnóstico del estado actual de la preparación del docente a tiempo parcial en la utilización de la computadora como medio de enseñanza fue necesario determinar la variable dependiente como el: nivel de preparación del docente a tiempo parcial para la utilización de la computadora como medio de enseñanza la cual fue definida en la introducción.

Se logra la definición de la variable dependiente, a partir de los resultados de los de la aplicación de diferentes instrumentos aplicados a este docente a tiempo parcial, Todos estos elementos permitieron la determinación de los siguientes indicadores que se proponen a continuación:

Indicadores

1- Habilidad de los docentes para la utilización de la computadora como medio de enseñanza.

2- Conocimiento de los docentes sobre la función e importancia de la computadora como medio de enseñanza.

3- Capacidad de los docentes para elaborar materiales digitalizados como medios auxiliares de la clase.

4- Disposición y motivación de estos docentes para aprender a operar con la
computadora.

La escala para medir el nivel de preparación del docente a tiempo parcial en la
utilización de la computadora como medio de enseñanza aparece en el (Anexo 1).
Para medir el nivel de estos indicadores se aplicó un cuestionario de autoevaluación
preparación del docente a tiempo parcial en la utilización de la computadora como
medio de enseñanza para la evaluación de los indicadores de la variable
dependiente "nivel de preparación" (ver anexo 2 y 3) se observó que en el indicador I
(Habilidad de los docentes para la utilización de la computadora como medio de
enseñanza), se constató la existencia de un nivel BAJO, pues los docentes no
muestran habilidades para la utilización de la computadora como medio de
enseñanza). En el indicador II (Conocimiento de los docentes sobre la función e
importancia de la computadora como medio de enseñanza, se constató la existencia
de un nivel BAJO, pues los docentes no poseen conocimientos sobre la función e
importancia de la computadora como medio de enseñanza.

En el indicador III (Capacidad de los docentes para elaborar materiales digitalizados
como medios auxiliares de la clase) se constató la existencia de un nivel BAJO, pues
los docentes no muestran capacidad para elaborar materiales digitalizados como
medios auxiliares de la clase. En el indicador IV (Disposición y motivación de estos
docentes para aprender a operar con la computadora), se constató la existencia de
un nivel ALTO, pues los docentes muestran disposición y motivación para aprender a
operar con la computadora.

El (anexo 4) se puede observar la representación gráfica de los resultados del
cuestionario de autoevaluación que la evaluación de los indicadores de la variable
dependiente "nivel de preparación" es BAJA pues de cuatro indicadores, tres están
en la categoría de BAJO y uno entre Alta y Media lo que representa un 25%, se
puede observar que los docentes necesitan preparación metodológica para utilizar la
computadora como medio de enseñanza.

También se aplicaron otros instrumentos que posibilitaron el análisis de los resultados prácticos y la observación del desempeño del docente a tiempo parcial en la utilización de la computadora como medio de enseñanza, visitas realizadas y el análisis de varios documentos importantes para el trabajo sistemático del docente a tiempo parcial en la Filial Universitaria del municipio Baraguá.

Se utilizó la observación participante que aportó información a esta investigación, por cuanto se observó durante dos meses las preparaciones metodológicas, talleres metodológicos, colectivos de asignaturas y preparación de asignaturas en las que se trabajaron diferentes temas y ninguno relacionado con el uso de la computadora como medio de enseñanza.

Se procedió al análisis de documentos (ver anexo 5) se revisó el plan de trabajo metodológico de la Filial Baraguá, así como los planes de superación del docente a tiempo parcial, se pudo comprobar que estos estaban diseñados correctamente; contenían desglosadas varias acciones para la preparación metodológica y para la superación del docente a tiempo parcial. Es oportuno señalar que en la concepción de los mismos se tuvo en cuenta las características del claustro, sin embargo dentro de las acciones no se tiene concebida la preparación de estos docentes en el uso de los medios de enseñanza.

Se revisó además, planes de clases con el objetivo de comprobar si el docente a tiempo parcial planifica el uso de la computadora, se detectó que hay deficiencias en cuanto a la utilización de estos, constatándose inadecuado uso de la computadora y en ocasiones no la tienen concebida.

Una vez analizados estos documentos del claustro del docente a tiempo parcial se evidencia que carecen de las herramientas didácticas, para el uso de la computadora, que garantice la optimización del mismo, por lo que constituye aún una problemática a resolver la preparación del docente a tiempo parcial, evidenciada que poseen experiencia en otra profesión, sin alguna práctica educativa, pero no tienen una formación pedagógica.

Se procedió a la aplicación de otros instrumentos que permitieron constatar la situación actual de la problemática, lo que permitirá a la autora trabajar en función de las acciones que se proponen.

Se realizó una guía de observación a clases (ver anexo 6) con el objetivo de comprobar si el docente a tiempo parcial planifica el uso de la computadora durante sus clases, en lo que se constató que es insuficiente su utilización y en ocasiones la tienen físicamente y no la utilizan como medio de enseñanza, además poseen limitadas habilidades para interactuar con ellas, las actividades docentes que prepararon no se encuentran digitalizadas y es insuficiente el nivel de independencia para trabajar con ellas.

Se realizó una entrevista al director de la Filial (ver anexo 7) con el objetivo de comprobar si el docente a tiempo parcial está comprometido a participar en las preparaciones que realiza la Filial Universitaria y si están concebidas según el diagnóstico. Se verificó que el docente a tiempo parcial está comprometido a participar en las preparaciones que realiza la Filial Universitaria por la importancia que representa para el municipio, sin embargo presentan ausencias a ellas, aunque conocen sus debilidades, reconocen que presentan dificultades en el uso de la computadora y no tienen concebidas preparaciones en el uso de la computadora según el diagnóstico.

En lo relacionado con la preparación del docente a tiempo parcial para el uso de la computadora como medio de enseñanza, se confirma la falta de preparación, pues durante sus estudios universitarios no existía este medio; y en cuanto a la preparación del docente a tiempo parcial para enfrentar el uso de la computadora durante sus clases, se considera que es posible mediante las vías del trabajo metodológico; sin embargo el director opina que su preparación no se ha logrado con la sistematicidad y cientificidad que requieren las exigencias actuales de la educación superior, pues esta se hace los sábados y la asistencia es mala.

También se aplicó una encuesta a el docente a tiempo parcial de la muestra (ver anexo 8), con la intención de comprobar su nivel de preparación que se da en la Filial para el uso de la computadora.

En relación con la valoración crítica que tienen de su preparación, ninguno la valora de pésima, aspecto positivo; sin embargo de los 15 docentes, 5 opinan estar en un rango de preparación el uso de la computadora medio, 10 de bajo y ninguno en excelente, lo que indica que su preparación la consideran aún insuficiente.

En relación al uso de la computadora, 10 docentes a tiempo parcial, para el 66.7%, opinan que no fue suficiente para adquirir habilidades para su uso, y atribuyen las causas a la premura para incorporarse a la docencia. Al hacer referencia a preparaciones relacionadas con el uso de la computadora como medio de enseñanza, el 100% refiere que no. Esto evidencia que un 100% necesitan preparación para el uso de la computadora que le aporten las herramientas didácticas necesarias.

Después de la aplicación de los instrumentos sobre el estado actual de la preparación del docente a tiempo parcial la autora concluye:

A partir del análisis de los resultados de los instrumentos aplicados y la triangulación de la información, se realizó el análisis de la categoría alcanzada en cada indicador a partir de la escala cualitativa que se precisó y predomina el nivel BAJO, pues existen 3 indicadores evaluados de BAJO y uno de ALTO, por lo que se puede observar que la evaluación de los indicadores de la variable dependiente "nivel de preparación, es BAJA, además se constató:

➢ Deficiencias en la elaboración del plan de trabajo metodológico y los planes de superación del docente a tiempo parcial, pues no se tiene concebida la preparación de estos docentes en el uso de la computadora como medio de enseñanza.

➢ Que los docentes presentan dificultades en el uso de la computadora como medio de enseñanza.

➢ Se comprobó que el 100% del docente a tiempo parcial necesitan preparación en el uso de la computadora como medio de enseñanza.

La aplicación de los diferentes instrumentos permitió determinar las siguientes potencialidades y necesidades:

Potencialidades.

1 Existe motivación y disposición del docente a tiempo parcial para aprender a operar con la computadora.

Necesidades.

1 El docente a tiempo parcial posee insuficientes habilidades para la utilización de la computadora como medio de enseñanza.
2 Posee insuficiente conocimiento sobre la función e importancia de la computadora como medio de enseñanza.
3 Tiene limitada capacidad para elaborar materiales digitalizados como medios auxiliares de la clase.

Estas deficiencias demandan perfeccionar la preparación del docente a tiempo parcial. Se ratifica así la necesidad de diseñar una estrategia de preparación metodológica para el uso de la computadora como medio de enseñanza.

2.2 Fundamentos teórico- metodológicos de la estrategia de preparación metodológicapara el docente a tiempo parcial en el uso de la computadora como medio de enseñanza.

En el proceso investigativo se ha evidenciado una problemática relacionada con la preparación del docente a tiempo parcial en el uso de la computadora como medio de enseñanza, que se manifiesta en el insuficiente conocimiento y habilidades en el uso de la computadora como medio de enseñanza.

Para elaborar la estrategia de preparación metodológica para el docente a tiempo parcial en el uso de la computadora como medio de enseñanza, se han considerado los criterios expuestos en el curso 85 presentado en el Congreso Internacional Pedagogía 2003 donde se expresa que en el ámbito pedagógico, la estrategia se refiere a:

…la dirección pedagógica de la transformación de un objeto desde su estado real hasta un estado deseado. Presupone por tanto, partir de un diagnóstico en el que se evidencia un problema y la proyección y ejecución de sistemas de acciones intermedias, progresivas y coherentes que permitan alcanzar de forma paulatina los objetivos propuestos. El plan general de la estrategia debe reflejar un proceso de organización coherente, unificado e integrado, direccional, transformador y sistémico, (...) debe poseer una fundamentación, partir de un diagnóstico, plantear un objetivo general del cual se deriva la planeación estratégica, su implementación y evaluación. (De Armas, N., Lorence J. y Perdomo J. M., 2003: 12).

Se asume que:

El propósito de toda estrategia es vencer dificultades con una optimización de tiempo y recursos. La estrategia permite definir qué hacer para transformar la situación existente e implica un proceso de planificación que culmina en un plan general con misiones organizativas, metas, objetivos básicos a desarrollar en determinado plazo con recursos mínimos y los métodos que aseguren el cumplimiento de dichas metas. Actualmente la estrategia ha encontrado amplia utilización en la actividad productiva, social, política, de dirección. En el campo educativo, está vinculada a la actividad de dirección de escuelas, de dirección del proceso docente-educativo, de dirección metodológica, etc." (De Armas, N., Lorence J. y Perdomo J. M., 2003: 20).

Además se analizaron variadas fuentes documentales que explicitan como debe hacerse una estrategia, el autor por la utilidad práctica que le concede decidió también utilizar como referencia los criterios expuestos por dichos autores en el mencionado documento, donde se precisa que una estrategia debe poseer una fundamentación, partir de un diagnóstico, plantear un objetivo general del que se deriva la planeación estratégica, su instrumentación y evaluación.

2.2.1 Fundamentos generales de la estrategia.

Se adopta como fundamento filosófico el materialismo dialéctico, concepción que sustenta los propósitos que se aspiran con la estrategia. El enfoque dialéctico que presupone la unidad de la teoría con la práctica, de lo objetivo con lo subjetivo, lo cuantitativo con lo cualitativo se utiliza para la planificación, ejecución y control de la estrategia, pues en ella se combinan actividades teórico-prácticas variadas, se tienen presente los elementos objetivos y subjetivos que puedan favorecer o entorpecer su efectividad y existen acciones para evaluar cuantitativa y cualitativamente.

Se utiliza la teoría del camino dialéctico del conocimiento que parte de la percepción viva de la realidad objetiva, al pensamiento abstracto y regresa a la práctica donde se verifica y aplica el nuevo conocimiento, al diagnosticar la realidad de la preparación del docente a tiempo parcial en el uso de la computadora como medio de enseñanza, se realiza una abstracción y se lleva a la práctica, se verifica mediante la evaluación a través de la utilización de la Visita de Ayuda Metodológica y el análisis de los resultados de los docentes y a partir de dichos resultados se pasa a la aplicación del nuevo conocimiento.

Se pone de manifiesto en la estrategia la relación del sujeto con el mundo material que transcurre a través de la actividad (cognoscitiva, práctica y valorativa) ya que su planificación tiene en cuenta esta relación, prevaleciendo la comunicación en la que el sujeto conoce y transforma al mundo y se trasforma a sí mismo. Estos fundamentos se tienen presente en la estrategia al establecerse una conjugación armónica entre las etapas y elementos que la componen.

Los fundamentos antes expuestos, sirven de base a los sociológicos, pues es indiscutible la relación entre la educación y la transformación de la sociedad y en ello el papel de las instituciones educacionales como protagonistas de este proceso.

Entre la educación y los objetos sociales se establece un nexo para que la personalidad se forme y se desarrolle, no sólo de acciones dirigidas hacia una finalidad del sistema educacional, sino en un amplio contexto social.

Desde el punto de vista psicológico, la estrategia se sustenta en el enfoque histórico cultural, se asume esta teoría en la que su máximo representante L. S. Vigotsky centra su atención en el papel de la educación para propiciar el desarrollo, partiendo del diagnóstico (nivel de desarrollo real) y el ascenso a niveles superiores, hacia la posible meta (zona de desarrollo potencial). En el diseño de las acciones y la selección del contenido se toma en consideración el carácter mediatizado de la psiquis humana, en la que subyace la génesis de la principal función de la personalidad, la autorregulación y su papel en la transformación de la psiquis, función que tiene como esencia la unidad de lo afectivo y lo cognitivo, elemento psicológico que se encuentra en la base del sentido que el contenido adquiere para el sujeto, de esta forma el contenido psíquico, sobre la base de la reflexión, se convierte en regulador del comportamiento, en este caso, dirigido al que debe caracterizar a un cuadro educacional cubano.

Se tiene presente en la preparación del docente a tiempo parcial, lo aportado por dicho autor sobre la zona de desarrollo próximo, pues posibilita la determinación de potencialidades y necesidades de cada uno, y la proyección de acciones que propicien la ayuda necesaria en cada caso para alcanzar niveles superiores.

Asumir la concepción histórico-cultural, supone una preparación del docente a tiempo parcial, que tenga en cuenta el desarrollo psíquico de cada miembro, considerar el papel de la cultura y de la interacción social en la conformación de las características de la personalidad, las condiciones y predisposiciones de cada sujeto, para asumir la influencia de las condiciones externas, las características psicológicas peculiares alrededor de su edad, madurez personal-profesional y experiencia, es decir la situación social de desarrollo en el contexto en que interactúan.

La estrategia está dirigida al estudio de las posibilidades y el aseguramiento de las condiciones que propicien una elevación de los docentes a niveles superiores mediante la colaboración, de manera que cada cual logre el dominio independiente de las funciones que le sean conferidas como cuadro, tomando en consideración sus motivaciones, necesidades e intereses.

Desde el punto de vista pedagógico está sustentada en los principios pedagógicos, los cuales se tienen presentes para la elaboración de la estrategia. (Addine, F., González Soca, A.M. y Recarey S., 2002:80). Si se tiene en cuenta que "El objeto de la Pedagogía es la educación como un proceso conscientemente organizado y dirigido..." y esta ciencia "... estudia las leyes de dirección del proceso pedagógico (leyes de la educación)..." (Colectivo de autores ICCP 1984: 30).

También se considera en la estrategia el modo de actuación en la vida y para la vida, el papel do la práctica y su vínculo con la teoría para lograr la preparación profesional. Se declara la necesidad de preparar a los futuros cuadros y que esto tenga un estrecho vínculo con la vida. (Álvarez de Zayas, C.M., 1999).

La preparación se concibe sobre la base de la plena correspondencia con las normas jurídicas y los documentos normativos que rigen el trabajo con los cuadros y sus reservas, por tanto, no modifica lo orientado al respecto, sino que ofrece una alterativa para materializar las orientaciones.

La estrategia propuesta constituye un proceso de preparación encargado de dotar a el docente a tiempo parcial, de los conocimientos, habilidades y actitudes elementales en el uso de la computadora como medio de enseñanza que deben poseer para su desempeño, los prepara para su profundización posterior con otras acciones más ambiciosas propiciando la adquisición de modos de actuación que influyan positivamente en su actuación.

La estrategia de preparación metodológica para el docente a tiempo parcial en el uso de la computadora como medio de enseñanza posee las siguientes características:

Objetividad: la estrategia de preparación ha sido concebida de acuerdo a las particularidades del docente a tiempo parcial y sus perspectivas de desarrollo, la proyección de sus acciones constituye una respuesta de solución al diagnóstico de sus necesidades teórico-prácticas esenciales y a las concepciones actuales de la universidad, con el propósito de elevar el nivel de preparación del docente a tiempo parcial.

Flexibilidad: el carácter flexible de la estrategia de preparación se manifiesta en el ordenamiento y secuenciación de las acciones y contenido, es susceptible a cambios en correspondencia con los resultados del diagnóstico, las metas, las necesidades y características del contexto, de manera que pueden adecuarse las acciones según sea conveniente.

Contextualización: La estrategia de preparación se corresponde con los objetivos y el contexto en el cual se desarrolla la escuela cubana en las actuales transformaciones educacionales, parte del diagnóstico del docente a tiempo parcial para atender sus necesidades y aprovechar las potencialidades.

Carácter sistémico: Las etapas y acciones de la estrategia de preparación están interrelacionadas entre sí, se revela su interdependencia y su unidad.

2.2.2 Concepción de la estrategia.

La estrategia se diseña sobre la base de una concepción teórico-práctica e integradora basada en la conjugación y diversidad de las formas organizativas.

La relación teoría-práctica que se asume en la estrategia se fundamenta en un carácter recurrente a la práctica de esa relación, que condicione la participación activa y reflexiva del docente a tiempo parcial.

La concepción de las acciones de la estrategia parte de considerar como una de sus bases la necesidad de aportar en su propio desarrollo los referentes prácticos que contribuyan a objetivizar los sistemas de conocimientos teórico-metodológicos que se definen como necesidades cognoscitivas del docente a tiempo parcial y conducir su transformación en el uso de la computadora como medio de enseñanza. En atención a estas características es que se estructura las formas organizativas que posibiliten demostrar la significación de esos contenidos en el accionar práctico del docente a tiempo parcial.

La estrategia está concebida para ser aplicada durante un curso escolar pues contiene acciones a corto, mediano y largo plazo. No debe excederse de este tiempo puesto que pudiera dañar su efectividad.

Los métodos utilizados en las acciones de la estrategia obedecen a la clasificación de la relación entre la actividad profesor-alumno: Expositivo, trabajo independiente, elaboración conjunta, conversación heurística. (Klingbertg, L., 1972:290) y la de Métodos activos. (Viña, G., 1999: 2).

La evaluación en la estrategia se concibe como proceso y como resultado y tiene como objetivo esencial la valoración sistemática y parcial de las transformaciones que se producen en el docente a tiempo parcial. Se emplea la autoevaluación, a partir del propio análisis individual que realicen el docente a tiempo parcial sobre su desempeño y las intervenciones en el proceso de preparación, la coevaluación que permite expresar opiniones y juicios críticos sobre logros e insuficiencias de sus compañeros del grupo y la heteroevaluación con los criterios de docentes.

2.2.3 Estructura general de la estrategia de preparación metodológica.

Teniendo en cuenta la Resolución 210/07 que refiere el trabajo docente-metodológico es la actividad que se realiza con el fin de mejorar de forma continua el proceso docente-educativo; basándose fundamentalmente en la preparación didáctica que poseen los profesores de las diferentes disciplinas y asignaturas, así como en la experiencia acumulada (artículo 44) es que se diseña la estrategia de preparación metodológica asumiendo uno de los tipos fundamentales del trabajo docente-metodológico el taller metodológico.

Según artículo 54 de esta resolución el taller metodológico es el tipo de trabajo docente-metodológico que tiene como objetivo debatir acerca de una problemática relacionada con el proceso de formación y en el cual los docentes presentan experiencias relacionadas con el tema tratado y se proyectan alternativas de solución a dicho problema a partir del conocimiento y la experiencia de los participantes.

Por tanto, la estructura de la estrategia de preparación metodológica toma como punto de partida su objetivo general.

El objetivo general está dirigido a: elevar el nivel de preparación del docente a tiempo parcial en el uso de la computadora como medio de enseñanza mediante la adquisición de conocimientos, habilidades y actitudes y que hagan posible la transformación de su modo de actuación.

A partir de él, se estructuran y organizan en tres etapas generales con sus correspondientes acciones ellas son:
- ❖ Planeación.
- ❖ Ejecución.
- ❖ Evaluación.

En la etapa de planeación se establecen las coordinaciones necesarias para que se pueda garantizar la posterior ejecución de la estrategia. Además en esta etapa es importante la realización del montaje del diagnóstico inicial, posteriormente se aplica y se analizan sus resultados. Esto da pie al ajuste y selección del contenido de las acciones que deben desarrollarse, se elabora el cronograma de ejecución y se culmina con la organización del proceso.

En la etapa de ejecución se desarrollan todas las acciones planificadas para la preparación del docente a tiempo parcial, tanto desde el punto de vista grupal como individuales a partir de la posibilidad que ofrece la utilización de las acciones dentro y fuera del puesto de trabajo.

En la etapa de evaluación se concluyen los resultados de las acciones mediante un trabajo teórico-práctico final como cierre del mismo y se realiza la sistematización de los resultados de las evaluaciones sistemáticas y periódicas que se efectuaron durante la ejecución de la estrategia, culminando con un taller en el que se da la evaluación final integral de cada docente a tiempo parcial.

En el proceso de preparación se ponen de manifiesto las características de la estrategia y se expresa la organización y articulación de las acciones de este proceso, dado por la combinación de las actividades teóricas y prácticas y la ejecución de acciones.

Las acciones planificadas se conciben de manera simultánea al resto, como un complemento importante de los elementos teóricos y de las evaluaciones sistemáticas, que ofrecen las posibilidades de detectar todas las necesidades prácticas de su desempeño. Este tipo de acciones se contextualiza de acuerdo con la situación que presente cada uno del docente a tiempo parcial y en el momento más oportuno.

Etapa de Planeación.

La planeación se realiza teniendo presente la característica flexible de la estrategia pues aunque en ella se plasman acciones que no deben faltar porque encierran contenidos de indiscutible importancia para el uso de la computadora como son: operador de micro, Microsoft Word con sus diferentes aplicaciones, Microsoft Excel, Microsoft Power Point, Microsoft Access, Uso de navegadores (correos e Internet) y Virus informáticos. El resto del contenido queda a opción del ejecutor de acuerdo a las necesidades detectadas en el diagnóstico y a las perspectivas de desarrollo de cada docente.

Los temas que se realizan en espacios abiertos de aprendizaje a partir del intercambio y la interacción profesional que se logra entre los participantes, lo que posibilita la reflexión personal. Esta permite que a partir de la práctica, se profundice en la teoría y se vuelva nuevamente a la práctica renovadora donde se perfecciona su quehacer cotidiano en la institución escolar en la que desarrolla la actividad. Su correcto desarrollo propicia la preparación cognoscitiva-metodológica del docente a tiempo parcial para llevar a la práctica los contenidos de computación aprendidos.

La calidad de su aplicación sin violar ninguna de sus etapas (diagnóstico, demostración, control y evaluación) hace posible el crecimiento profesional al actuar con mayor seguridad en su desempeño. El ejecutor deberá estar bien preparado para explicar y demostrar en cada caso lo necesario y desarrollarlo en un ambiente armónico, sin confundirlo nunca con la inspección, pues también él debe estrechar los lazos afectivos y propiciar la motivación del docente por su preparación.

Las acciones están dirigidas a la preparación del docente a tiempo parcial con el fin de garantizar el éxito del diagnóstico, su análisis y la posterior organización de todo el proceso en aras de una aplicación efectiva de las acciones que conforman la estrategia.

Primera etapa: Planeación:
- Acciones
❖ Establecimiento de coordinación.
 Objetivo: Coordinar con la dirección de la Filial Universitaria Municipal para la ejecución de la estrategia de preparación metodológica para el docente a tiempo parcial.
Forma de organizar: Despachos.
Participantes: Ejecutor y estructura de dirección de la Filial Universitaria Municipal.
Plazo: Primera semana.   Evaluación: Valoración de los resultados alcanzados.
❖ Montaje del diagnóstico inicial.
Objetivo: Elaborar instrumentos que revelen las verdaderas necesidades y potencialidades del docente a tiempo parcial seleccionados mediante un estudio científico que permita su efectividad.
Forma de organizar: Trabajo grupal.
Participantes: estructura de dirección municipal y ejecutor.

Plazo: Segunda semana.   Evaluación: Pilotaje.

❖ Aplicación del diagnóstico.

Objetivo: Diagnosticar el estado actual de la preparación del docente a tiempo parcial en el uso de la computadora como medio de enseñanza a través de la aplicación del diagnóstico para direccionar las acciones en función de sus necesidades básicas.

Forma de organizar: Trabajo grupal.

Participantes: estructura de dirección municipal, ejecutor y docentes seleccionados.

Plazo: Segunda semana.   Evaluación: Valoración de la calidad de la aplicación.

❖ Selección del docente a tiempo parcial a preparar.

Objetivo: Seleccionar al docente a tiempo parcial para la atención de las necesidades fundamentales de preparación.

Forma de organizar: Despachos.

Participantes: el docente a tiempo parcial y ejecutor.

Plazo: Primera semana.   Evaluación: Valoración de los resultados.

❖ Análisis de los resultados del diagnóstico.

Objetivo: Constatar las principales necesidades y potencialidades del docente a tiempo parcial a preparar en el uso de la computadora como medio de enseñanza mediante el análisis de los resultados del diagnóstico aplicado.

Forma de organizar: Trabajo grupal.

Participantes: Entrenadores de cuadros y ejecutores.

Plazo: 3ra semana.   Evaluación: Valoración de los resultados.

❖ Selección de los contenidos y acciones.

Objetivo: seleccionar contenidos y acciones que respondan a las necesidades y potencialidades detectadas en el diagnóstico efectuado.

Forma de organizar: Trabajo grupal.

Participantes: Ejecutor y docentes a tiempo parcial.

Plazo: Tercera semana.   Evaluación. Valoración de los resultados.

Para adecuar el contenido de la preparación se toman en consideración las tendencias reveladas en el diagnóstico, en lo referido a las insuficiencias del docente a tiempo parcial en el uso de la computadora como medio de enseñanza, desde el punto de vista cognitivo, procedimental y actitudinal; de esta manera está dirigido a potenciar los elementos en los siguientes sistemas:

Sistema de conocimientos:

- Esencia y características de elementos de la Introducción al sistema operativo Windows, las diferentes aplicaciones de Microsoft Word, conceptos fundamentales de la hoja de cálculo Excel, características generales de PowerPoint, introducción a las características generales de Base de Datos (Access), el uso de navegadores(correo e internet) y la introducción a los virus informáticos.

Sistema de habilidades:

- Establecer las relaciones lógicas entre las temáticas concebidas en el sistema de conocimientos.
- Habilidades para identificar y solucionar problemas de introducción al sistema operativo Windows.
- Habilidades para identificar las diferentes aplicaciones de Microsoft Word.
- Habilidades para confeccionar conceptos fundamentales de la hoja de cálculo Excel.
- Habilidades para explicar características generales de diferentes programas.
- Habilidades para navegar con el uso de navegadores.
- Habilidades para aplicar los conocimientos adquiridos en su desempeño.

Sistema de actitudes.

- Asumir una actitud consecuente ante el cumplimiento de los diferentes conceptos de los programas.
- Asumir el liderazgo en la actividad que realiza como una vía revolucionaria trasformadora y educativa.
- Demostrar una actitud consecuente ante la superación del docente.
- Manifestar en la práctica su incondicionalidad para cumplir cualquier tarea que le sea encomendada en aras del desarrollo educacional.

Derivado de la adecuación realizada al contenido de la preparación, se ajustan también las acciones principales que deben ejecutarse.

❖ Organización del proceso de preparación

Objetivo: Organizar la calidad de la ejecución posterior de las acciones de la estrategia mediante una organización adecuada del proceso de preparación.

Forma de organizar: Trabajo grupal.

Participantes: ejecutor.

Plazo: Tercera semana.   Evaluación: Valoración de los resultados.

Segunda etapa: ejecución.

La etapa de ejecución se inicia con el desarrollo de los temas seleccionados.

Acciones:

❖ Reunión de información y orientación con el docente a tiempo parcial seleccionados.

❖ Objetivo: Motivar al docente a tiempo parcial para su participación activa en las acciones de la estrategia de preparación metodológica propiciando un clima favorable al respecto.

Forma de organizar: Reunión.

Métodos: Discusión plenaria.

Participantes: Investigadora y docentes a tiempo parcial.

Plazo: Primera semana del ciclo.   Evaluación: Valoración de criterios y resultados.

   ❖ Desarrollo de los temas para preparar metodológicamente al docente a tiempo parcial en el uso de la computadora como medio de enseñanza.

Objetivo: Impartir los temas al docente a tiempo parcial en el uso de la computadora como medio de enseñanza.

Forma de organizar: taller metodológico.

Métodos: Discusión.

Participantes: Investigadora y docentes a tiempo parcial.

Plazo: tres meses.   Evaluación: Valoración de criterios y resultados.

Tema # 1: Esencia y características delementos de la Introducción al sistema operativo Windows.

❖ Taller no. I: Reseña histórica y desarrollo de Windows.

Objetivo: Adquirir conocimientos del sistema operativo Windows a través de un ambiente de trabajo gráfico de manera que les permita el desarrollo de habilidades y actitudes adecuadas en su labor social como dirigentes del proceso pedagógico.

Forma de organizar: Taller

Método: Discusión.

Participantes: Investigadora y docentes a tiempo parcial.

Plazo: enero 2015.

Evaluación: Autoevaluación, coevaluación y heteroevaluación.

Tema # 2: Microsoft Word y sus diferentes aplicaciones.

- ❖ Taller no. 2: Características generales del procesador de texto (Microsoft Word. Facilidades que brinda).

Objetivo: Adquirir conocimientos del Programa Microsoft Word como procesador de texto del paquete de Office a través de la computadora para el desarrollo de habilidades con la misma.

Forma de organizar: Taller

Método: Discusión.

Participantes: Investigadora y docentes a tiempo parcial.

Plazo: marzo 2015.

Evaluación: Autoevaluación, coevaluación y heteroevaluación.

Tema # 3: Conceptos fundamentales de la hoja de cálculo Excel.

- ❖ Taller no.3: Introducción a la hoja de cálculo Excel. Conceptos fundamentales.

Objetivo: Adquirir conocimientos del Programa Microsoft Excel como hoja de cálculo del paquete de Office a través de la computadora para el desarrollo de habilidades con la misma.

Forma de organizar: Taller

Método: Discusión.

Participantes: Investigadora y docentes a tiempo parcial.

Plazo: mayo 2015.

Evaluación: Autoevaluación, coevaluación y heteroevaluación.

Tema # 4: Características generales de Power Point.

- ❖ Taller no.4: Características de la pantalla principal de Power Point

Objetivo: Adquirir conocimientos de programa Microsoft PowerPoint como diseñador de presentaciones del paquete de programas de Microsoft Office.

 Forma de organizar: Taller

Método: Discusión.

Participantes: Investigadora y docentes a tiempo parcial.

Plazo: julio 2015.

Evaluación: Autoevaluación, coevaluación y heteroevaluación.

Tema # 5: Introducción a las características generales de Base de Datos (Access).

❖ Taller no. 5: Introducción al trabajo con bases de datos.

Objetivo: Conocer que es una Base de Datos

 Forma de organizar: Taller

Método: Discusión.

Participantes: Investigadora y docentes a tiempo parcial.

Plazo: septiembre 2015.

Evaluación: Autoevaluación, coevaluación y heteroevaluación.

Tema # 6: El uso de navegadores (correo e internet)

❖ Taller no. 6: Introducción a las redes.

Objetivo: Conocer los diferentes tipos de redes que existen y sus características.

 Forma de organizar: Taller

Método: Discusión.

Participantes: Investigadora y docentes a tiempo parcial.

Plazo: noviembre 2015.

Evaluación: Autoevaluación, coevaluación y heteroevaluación.

Tema # 7: introducción a los virus informáticos.

❖ Taller no. 7: Programas para proteger la información (virus, centinelas, vacunas, etc.).

Objetivo: Conocer las diferentes aplicaciones para proteger la información así como los códigos que afectan la misma.

Método: Discusión.

Participantes: Investigadora y docentes a tiempo parcial.

Plazo: noviembre 2015.

Evaluación: Autoevaluación, coevaluación y heteroevaluación.

❖ Desarrollo de encuentros presenciales (según planificación ver anexo 9).

Objetivo: Argumentar los elementos teóricos metodológicos correspondientes a los seleccionados.

Forma de organizar: Encuentros presenciales.

Métodos: Según selección del profesor, siempre que exista, discusión y reflexión.

Participantes: Investigadora y docentes a tiempo parcial.

Plazo: Segundo y tercer mes del ciclo.   Evaluación: Por su participación y la acordada.

Evaluación: Autoevaluación, coevaluación y heteroevaluación.

❖ Orientación de la autopreparación.

- Elaboración del plan de autopreparación de cada docente a tiempo parcial derivado de las necesidades detectadas en cada componente.

- Ofrecer todas las posibilidades de acceso a la bibliografía más actualizada.

- Programación de fechas y horas de consultas.

Objetivo: Lograr que la autopreparación del docente a tiempo parcial se realice de acuerdo a sus necesidades reales de preparación a través de un plan que permita su desarrollo e incremento en la medida que se vayan venciendo etapas.

Forma de organizar: Despacho.

Método: Trabajo independiente.

Participantes: Investigadora y docentes a tiempo parcial.

Plazo: durante todo el ciclo.

❖ Debate grupal.

Objetivo: Analizar los resultados alcanzados como cierre de cada tema para la adecuación de las acciones para el tratamiento a las dificultades individuales y colectivas que aún subsisten o las nuevas detectadas.

Forma de organizar: Reunión de análisis.

Método: Discusión.

Participantes: Investigadora y docentes a tiempo parcial.

Plazo: quinto mes del ciclo.   Evaluación: Por la calidad de las reflexiones.

❖ Talleres en el puesto de trabajo. Preparación en el uso de la computadora.

Objetivo: Argumentar los elementos teóricos metodológicos de los contenidos relacionados con el uso de la computadora, según sus necesidades de preparación a través de la reflexión y el debate en el desarrollo de los temas.

Forma de organizar: Taller.

Método: Discusión.

Participantes: Investigadora y docentes a tiempo parcial.

Plazo: Segundo y quinto mes del ciclo.

Evaluación: Autoevaluación, coevaluación, heteroevaluación.

❖ Control y orientación de la autopreparación.

Objetivo: Evaluar el dominio alcanzado por los docentes en los temas orientados para la autopreparación en cada uno de los temas.

Objetivo: Lograr que la autopreparación del docente a tiempo parcial se realice en relación con las necesidades de cada uno de ellos y sus perspectivas de desarrollo.

Forma de organizar. Despacho.

Método: Trabajo independiente.

Participantes: Investigadora y docentes a tiempo parcial.

Plazo: Durante todo el ciclo.

Evaluación: Coloquios, situaciones problémicas y observación del desempeño.

❖ Participación en tareas científicas vinculadas a los temas recibidos.

Objetivo: Vincular a el docente a tiempo parcial a tareas científicas relacionadas con los temas recibidos, en aras de favorecer la apropiación de herramientas de trabajo científico que apoyen su desempeño.

Forma de organizar: Talleres y eventos científicos a nivel de base.

Participantes: Investigadora y docentes a tiempo parcial.

Método: Discusión.

Plazo: Último mes del ciclo.   Evaluación: Por la calidad de los trabajos.

Tercera etapa: evaluación.

Para la evaluación se tomaron en consideración los procedimientos del Dr. Rodolfo Gutiérrez (2003 c) en el material titulado: La Evaluación en la Revolución Educacional, Problemas, Reflexiones y Propuestas, en el que se refiere a la importancia y significado de la autoevaluación, coevaluación y heteroevaluación, el PNI y registros de vivencias como herramientas útiles en este proceso.

Esta etapa adopta un carácter valorativo al posibilitar la evaluación final de la estrategia que se fue realizando como proceso, tanto de forma individual como colectiva, por lo que permite evaluar la calidad de los resultados alcanzados en la preparación del docente a tiempo parcial.

La concepción general de la evaluación que se asume es formativa- sumativa, ya que el docente a tiempo parcial van resolviendo las dificultades en la dinámica del propio proceso de preparación sin tener que esperar al final para la corrección y autocorrección de sus errores; sin embargo los resultados de la evaluación formativa se van acumulando para convertirse en sumativa.

La evaluación se proyecta con un carácter sistemático en cada una de las acciones que se realizan a lo largo de toda la ejecución de la estrategia.

La evaluación final del docente a tiempo parcial se realizará a partir de la integración de los temas recibidos en su aplicación teórica-práctica, la sistematización de los resultados de todas las evaluaciones sistemáticas y periódicas, que culminan con su análisis en un taller final como cierre de la estrategia.

❖ Evaluación final.

Objetivo: Complementar las evaluaciones sistemáticas y periódicas alcanzadas por el docente a tiempo parcial durante los temas impartidos mediante un examen teórico-práctico, donde demuestren la calidad de los conocimientos, habilidades y actitudes adquiridas aplicadas en los temas recibidos.

Forma de organizar: Trabajo grupal.

Método: Situación problémica.

Participantes: investigadora y docentes a tiempo parcial.

Plazo: Al finalizar los temas.

Evaluación: Mediante un tribunal por la calidad del examen teórico-práctico.

❖ Análisis de los resultados de la evaluación sistemática y periódica.

Objetivo: Valorar los resultados obtenidos por cada docente a tiempo parcial mediante el análisis de las evaluaciones sistemáticas y periódicas efectuadas a lo largo de todo el proceso de preparación.

Forma de organizar: Trabajo de mesa.

Participantes: investigadora y docentes a tiempo parcial

Plazo: Al finalizar la implementación de la estrategia.

Evaluación: Por la proyección de los resultados de cada docente a tiempo parcial.

❖ Taller de evaluación final.

Objetivo: Determinar la evaluación final de cada docente a tiempo parcial que permita el conocimiento del nivel de preparación alcanzado para usar la computadora como medio de enseñanza.

Forma de organizar: Trabajo grupal.

Método: Discusión.

Participantes: investigadora y docentes a tiempo parcial.

Plazo: Al finalizar la implementación de todas las acciones de la estrategia.

Evaluación: Valoración de la calidad.

En esta acción se dan a conocer los resultados alcanzados por el docente a tiempo parcial tanto en las evaluaciones sistemáticas y periódicas como la evaluación del examen teórico-práctico. Se estimulan los mejores resultados, por lo que constituye también una forma de reconocimiento a los esfuerzos al valorarse en él los logros alcanzados en su nivel de preparación y la importancia de cada uno de ellos en el desarrollo educacional.

Se utilizó el taller como forma organizativa fundamental, que se caracteriza por ser una experiencia de pedagogía grupal que ofrece la oportunidad de que se discutan e integren las experiencias de los participantes, teniendo en cuenta los criterios sobre estos contenidos, además, permite combinar la teoría con la práctica como vía eficaz para dar solución a la problemática. Dentro de éstos se utilizaran otras formas de organización que garantizan el estudio permanente de los participantes.

Autopreparación: Se asume para comprometer individualmente al docente a tiempo parcial, en ella la motivación personal y los intereses desempeñan un papel fundamental, se dirige, con la intencionalidad de prepararlos metodológicamente en el uso de la computadora como medio de enseñanza a partir de las necesidades urgentes de preparación, donde se estimule su esfuerzo autodidacta, contribuyendo a perfeccionar su nivel de preparación.

A continuación se realiza una representación gráfica de la estrategia de preparación metodológica:

REPRESENTACIÓN GRÁFICA DE LA ESTRATEGIA

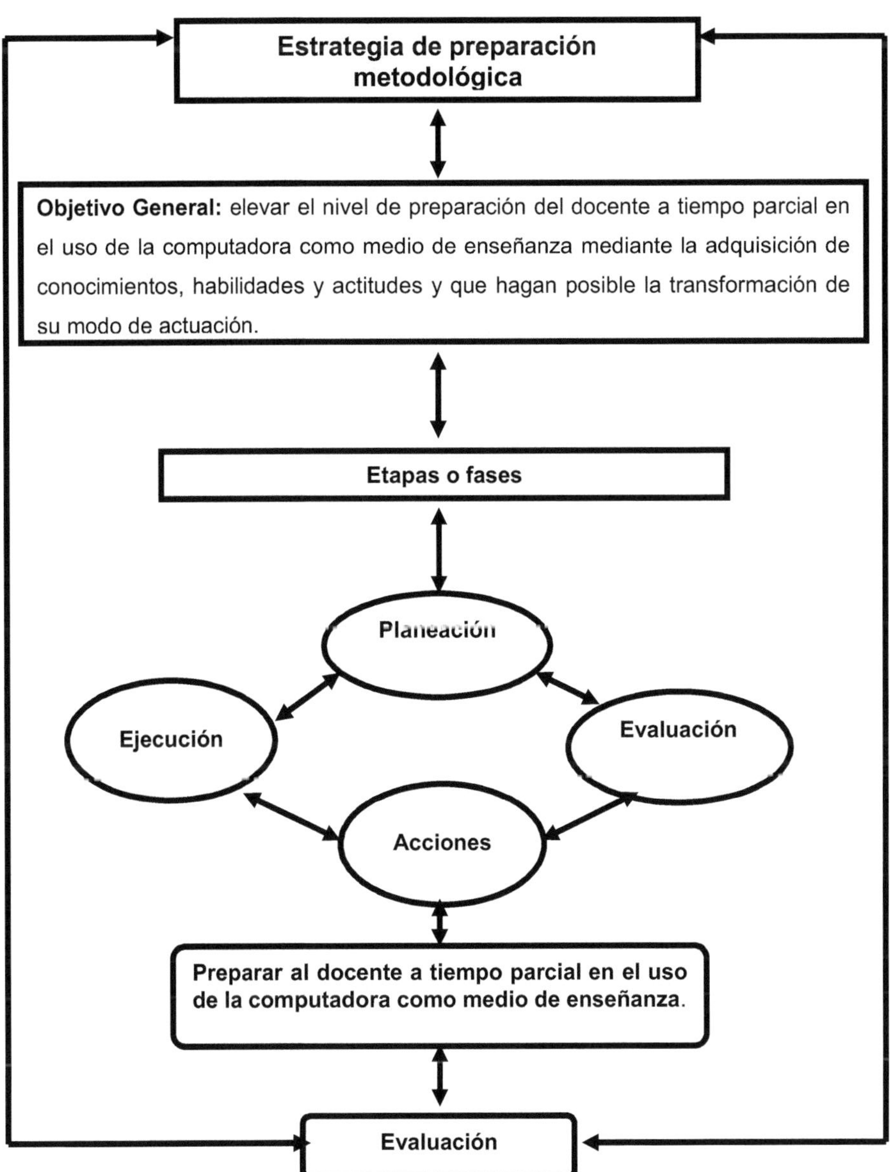

Estrategia de preparación metodológica
Objetivo General: elevar el nivel de preparación del docente a tiempo parcial en el uso de la computadora como medio de enseñanza mediante la adquisición de conocimientos, habilidades y actitudes y que hagan posible la transformación de su modo de actuación.
Etapas o fases
Planeación
Ejecución
Evaluación
Acciones
Preparar al docente a tiempo parcial en el uso de la computadora como medio de enseñanza.
Evaluación

La validez científica de la estrategia de preparación metodológica y su contribución a la preparación del docente a tiempo parcial en el uso de la computadora como medio de enseñanza, serán corroboradas por la realización de la evaluación, de expertos en el siguiente epígrafe.

2.3 Evaluación de la calidad de la estrategia de preparación metodológica mediante el criterio de experto.

Para evaluar la calidad de la estrategia de preparación metodológica diseñado, la autora utilizó la metodología de preferencia del criterio de expertos: es el más empleado, por su exactitud, objetividad y rapidez. Permite superar las limitaciones, relacionadas con la complejidad de su aplicación y del procesamiento de los datos y alcanzar una imagen integral y más amplia de la posible evolución del resultado científico sometido a valoración, reflejando las valoraciones individuales de los expertos, las cuales podrán estar fundamentadas, tanto en un análisis estrictamente lógico como en su experiencia intuitiva, y a la vez facilita el correspondiente análisis estadístico. (Ramírez, 1999:12).

Al emplear este método los expertos ubican los aspectos evaluados, según la encuesta o guía elaborada, por rangos, en orden decreciente de calidad, es decir, el lugar que ocupa cada uno de los aspectos de la guía, según el nivel de calidad que refleje o manifieste el resultado de la investigación objeto de análisis. Este lugar está determinado por la cantidad de puntos acumulados, mientras mayor (menor) sea el total de puntos, más alto (más bajo) será el lugar ocupado, es decir, será mayor o menor la calidad del resultado evaluado. Puede ocurrir que uno o varios expertos asignen el mismo rango a varios aspectos (observaciones ligadas) considerando que se reflejan o manifiestan en el resultado evaluado al mismo nivel de calidad. Aedo, (2005).

En esta metodología, los expertos ubicarán los aspectos evaluados, según la encuesta o guía elaborada por grupos en orden descendente de calidad, es decir el lugar que ocupa cada uno de los aspectos de la guía, según el nivel de calidad que refleje o manifieste el resultado de la investigación objeto de análisis. Este lugar está determinado por la cantidad de puntos acumulados, mientras mayor sea el total de puntos, más alto será el lugar ocupado y será mayor la calidad del resultado y viceversa.

Entre los pasos principales de realización de la evaluación de la investigación a través del método de evaluación de expertos se encuentran las siguientes:

a) Consulta bibliográfica para determinar el método a utilizar.

b) Determinar los aspectos a someter a su enjuiciamiento.

c) Elaboración del objetivo

d) Selección de los expertos

e) Elaboración del cuestionario o guía.

f) Elección de la metodología para procesar la información.

g) Ejecución de la metodología seleccionada.

h) Recopilación de los criterios de los expertos sobre el sistema de procedimientos metodológicos.

i) Procesamiento estadístico de la información y análisis de los resultados.

a) En la consulta bibliográfica para determinar el método a utilizar se asumió el folleto titulado "Los métodos de evaluación de expertos como forma de valorar resultados de las investigaciones" realizado por un colectivo de autores. Aedo; Martín y. Quintana, (2005).

b) Determinar los aspectos a someter a su enjuiciamiento: Una vez diseñado el sistema de procedimientos y antes de aplicarlo en la práctica pedagógica se quiso conocer el grado de su aceptación por una parte de la comunidad científica especializada en el campo en que dicha propuesta se ubica.

Para ello, fueron sometidos al juicio de expertos los siguientes aspectos:

1. Contribuye a la preparación del docente a tiempo parcial en el uso de la computadora como medio de enseñanza.

2. Contiene información clara, concisa, actualizada y la concepción teórica-metodológica que presenta, es posible aplicarla en la práctica pedagógica.

3. La estrategia de preparación metodológica que se ofrece sobre el uso de la computadora como medio de enseñanza.sirven para preparar al docente a tiempo parcial.

4. La estrategia de preparación metodológica con sus etapas y acciones están en correspondencia con las exigencias actuales del proceso de superación del profesional.

5. Resulta eficaz, novedoso e impactante para la preparación del docente a tiempo parcial en el uso de la computadora como medio de enseñanza.

6. El nivel de complejidad de la estrategia de preparación metodológica con sus etapas y acciones está en correspondencia con los conocimientos que posee el docente a tiempo parcial en el uso de la computadora como medio de enseñanza.

c) Elaboración del objetivo para la aplicación del método de preferencia: Evaluar el diseño y el contenido la estrategia de preparación metodológica.

d) Selección de los expertos. Para ello, de un total de 18 candidatos a expertos, seleccionados a partir de la actividad profesional e investigativa que realizan, fueron escogidos 15, sobre la base de su coeficiente de competencia (Anexos # 10).

De los expertos seleccionados para ser encuestados se encuentran, Doctores en Ciencias Pedagógicas, Máster y Licenciados en Informática, algunos de ellos son cuadros, además presentan conocimientos sobre el uso de la computadora como medio de enseñanza y tienen experiencia en su interacción con la computadora durante sus clases. Los 18 candidatos a expertos quedan distribuidos como se muestra a continuación:

1. Trece Doctores en Ciencias Pedagógicas de ellos.
   - Tres cuadros.
2. Tres Máster.
3. Dos Licenciados en Informática.

Para la selección de los expertos se tienen en cuenta los siguientes aspectos:

- Autovaloración

-   Coeficiente de competencia K

-   Efectividad de la actividad profesional

De los 18 candidatos a expertos se le determina la competencia de cada uno y se escogen los más capacitados sobre el tema. Para comprobar su competencia se utiliza el "Coeficiente de competencia K" calculado mediante la fórmula:

$$K = \frac{Kc + Ka}{2}$$

Donde:

-   kc – coeficiente de conocimiento o información que tiene el experto acerca del problema calculado sobre la base de la valoración del propio experto en una escala de 0 a 10 y multiplicada por 0,1, los resultados del cálculo de Kc por expertos (ver anexo 11)

-   Ka: Es el coeficiente de argumentación o fundamentación de los criterios del experto determinado como resultado de la suma de los puntos alcanzados a partir de una tabla patrón. (Ver anexo 12 y 13).

e) Elaboración del cuestionario o guía.

Para la evaluación la estrategia de preparación metodológica se elaboró una guía de aspectos a valorar (ver anexo 14), la cual fue entregada a cada experto individualmente. Los expertos sobre la base de una escala categórica, evaluaron cada uno de los aspectos apuntados:

La escala valorativa de los aspectos es del 1 al 5 (1, 2, 3, 4 y 5), donde 5 es la máxima calificación y uno la mínima.

Muy adecuado (5), Bastante adecuado (4), Adecuado (3), Poco adecuado (2), No adecuado (1).

-   Se considera que los aspectos apuntados son Muy adecuado (5), cuando no se señalan deficiencias y no se emiten sugerencias, entonces se evalúan en esta categoría.

- Se considera que los aspectos apuntados son Bastante adecuado (4), cuando señalan una deficiencia y emiten una sugerencia, entonces se evalúan en esta categoría.

- Se le concede Adecuado (3), a los aspectos apuntados cuando señalan dos deficiencias y emiten tres sugerencias, entonces se evalúan en esta categoría.

- Se determina Poco adecuado (2), cuando en los aspectos apuntados se señalan cincos deficiencias y emiten seis sugerencias, están en esta categoría.

- Se considera que los aspectos apuntados son No adecuado (1) cuando señalan seis o más deficiencias y emiten muchas sugerencias, entonces se evalúan en esta categoría.

f) Elección, ejecución de la metodología.

Los resultados del ordenamiento realizado por cada experto a los diferentes aspectos de la guía (Anexo # 15) arrojan que la estrategia de preparación metodológica elaborada contribuye a la preparación del docente a tiempo parcial en el uso de la computadora como medio de enseñanza, son evaluados por los expertos entre las categorías de Muy adecuado (5), Bastante adecuado (4) y Adecuado (3), a pesar de que en un primer momento, refieren la necesidad de establecer con mayor precisión que la estrategia de preparación metodológica, debe tener presente la Resolución 210/07 que refiere el trabajo docente-metodológico es la actividad que se realiza con el fin de mejorar de forma continua el proceso docente-educativo; basándose fundamentalmente en la preparación didáctica que poseen los profesores de las diferentes disciplinas y asignaturas, así como en la experiencia acumulada, si se diseña la estrategia de preparación metodológica debe asumir los tipos fundamentales del trabajo docente-metodológico o uno de ellos para preparar metodológicamente al docente a tiempo parcial en el uso de la computadora como medio de enseñanza para que tenga una mejor preparación. Por lo que se puede plantear que es probable que la estrategia de preparación metodológica propuesta sea efectiva en la práctica educativa.

g) Recopilación de los criterios de los expertos sobre la estrategia de preparación metodológica.

Los expertos hacen precisiones en aspectos de la estrategia de preparación metodológica, razón por la cual emiten calificaciones de 4 (Bastante adecuado) y 5 (Muy adecuado) como son los casos:

- De rediseñar algunas acciones.
- Sugirieron realizar un análisis sobre cómo se realiza esta actividad en la preparación del docente a tiempo parcial en el uso de la computadora como medio de enseñanza a través de un taller metodológico.

Las sugerencias emitidas por los expertos, se centraron fundamentalmente en el diseño de la estrategia de preparación metodológica, las que posibilitaron su perfeccionamiento. Estos señalamientos realizados por los expertos, fueron tenidos en cuenta en su perfeccionamiento.

h) Procesamiento estadístico de la información y análisis de los resultados.

Para el análisis global de la concordancia de los expertos y según el estudio realizado para n=6 (cantidad de aspectos a tratar) y m=15 (cantidad de experto) se obtiene:

$$\overline{S} = \frac{\sum_{i=1}^{n} S_j}{n} = \frac{315}{6} = 52.5$$

$$S = \sum_{j=1}^{n} \left(\overline{S} - S_j\right)^2 = 2530$$

Se calcula W para muestras pequeñas

$$W\_cal = \frac{12\,S}{m^2(n^3 - n)} = \frac{30360}{47250} = 0.6425$$

Tomando el S crítico asociado al coeficiente de Kendal W de la Tabla 1 del folleto "los métodos de evaluación de expertos como forma de valorar resultados de las investigaciones" Fernández, Aedo, R. (2005). Se obtiene:

$$W\_tab = \frac{12\,S}{m^2(n^3 - n)} = \frac{12\,S}{47250} = \frac{6846}{47250} = 0.1448$$

Como W_cal > W_tab entonces, los resultados de la evaluación de la calidad de la estrategia de preparación metodológica para el docente a tiempo parcial en el uso de la computadora como medio de enseñanza, realizada por los expertos, son de significación estadística, es decir, hay evidencias suficientes para plantear, a un 95,0% de confiabilidad, que los 15 expertos concuerdan en la efectividad de la estrategia de preparación metodológica tanto en su concepción teórica como en los resultados que se obtendrán con su aplicación en la práctica educativa.

La estrategia de preparación metodológica será introducida y aplicada en el Plan Metodológico de la Filial Universitaria Municipal de Baraguá, mediante la impartición de temas y talleres metodológicos y se tendrá en cuenta en el Plan de Individual como autopreparación de forma independiente por los docentes.

Conclusiones del capítulo 2.

➢ El diagnóstico realizado reveló que existen insuficientes conocimientos y habilidades del docente a tiempo parcial en el uso de la computadora como medio de enseñanza y que la elaboración de la estrategia de preparación metodológica, es una vía para resolver estas deficiencias.

➢ El método de experto seleccionado es el de "Preferencia" que se ajusta de forma correcta a las necesidades de evaluación de las investigaciones educativas y en particular a la presente investigación. La estrategia de preparación metodológica elaborada contribuye a la preparación, aprendizaje y consolidación de los conocimientos y habilidades del docente a tiempo parcial en el uso de la computadora como medio de enseñanza, resulta eficaz, novedosa e impactante. Los expertos concuerdan en que la estrategia de preparación metodológica elaborada cumple con los objetivos educativos trazados.

CONCLUSIONES

- El análisis de los antecedentes y fundamentos teóricos de la preparación del docente a tiempo parcial en el uso de la computadora como medio de enseñanza permitió comprender que la formación continua de los recursos humanos en el mundo actual se ha constituido en una necesidad del desarrollo social otorgándosele una importancia relevante al capital humano como factor de desarrollo. De ahí la atención prestada en las FUM como un elemento que garantiza estratégicamente la preparación de cada docente. Esta concepción de preparación debe tener en cuenta un estrecho vínculo entre la preparación teórica y el desempeño de los docentes, en aras de elevar el nivel de preparación.

- El diagnóstico realizado reveló que existen insuficientes conocimientos y habilidades del docente a tiempo parcial en el uso de la computadora como medio de enseñanza y que la elaboración de la estrategia de preparación metodológica, es una vía para resolver estas deficiencias.

- La elaboración de una estrategia de preparación metodológica del docente a tiempo parcial en el uso de la computadora como medio de enseñanza permitió estructurar etapas y acciones que se estructuraron sobre la base de temas y talleres metodológicos teórico-práctico, con el empleo conjugado de diversidad de formas organizativas lo que posibilitará elevar el nivel de preparación de estos docentes para su desempeño durante la planificación, organización, ejecución, control y evaluación de sus clases.

- La valuación de la calidad de la estrategia de preparación metodológica propuesta mediante el criterio de experto permitió significar su validez y pertinencia para contribuir a la preparación del docente a tiempo parcial en el uso de la computadora como medio de enseñanza.

RECOMENDACIONES

- La estrategia de preparación metodológica elaborada puede introducirse y extenderse con la debida actualización, a otras filiales y facultades que manifiesten situaciones similares a las investigadas, adaptándolas al nuevo contexto.

- La propuesta elaborada puede ser empleada en otras actividades del intercambio profesional.

- Profundizar en otros aspectos e iniciar nuevas tareas de investigación relacionadas con el contenido sobre el uso de la computadora como medio de enseñanza que no han sido objeto de esta investigación.

BIBLIOGRAFÍA

1. Addine Fernández, F. y otros 2002. Caracterización del Modo de Actuación del Profesional de la Educación. En Soporte Electrónico. Cátedra de Didáctica, Facultad de Ciencias de la Educación, ISP. "Enrique José Varona", Ciudad de la Habana.

2. Addine Fernández, F. y otros: Curso de Preparación Pedagógica para docentes universitarios. ISPEJV. Ciudad de la Habana. Cuba.

3. Aedo, F. R. y otros (2005) Los métodos de evaluación de expertos como forma de valorar resultados de las investigaciones". Universidad Máximo Gómez, Ciego de Ávila., Cuba.

4. Aguayo, A. (1924); Klingberg, L. (1972,1978); Galló, J. G. (1983); García, J. (1983); González, V. (1986, 1990); Colom y otros (1988); el colectivo de autores de investigadores del Instituto Central de Ciencias Pedagógicas (ICCP, 1989); Álvarez de Zayas, C. M. (1999); Gutiérrez, R. (2002); Addine, F. (2004, 2006) y otros.

5. Aguilera Almaguer, Osmany; Madelin Aguilera Borjas y Rolando Rivero Cuesta (2012): El trabajo metodológico como vía efectiva en la preparación de los docentes preparación de los docentes. Disponible en: http://www.gestiopolis.com/economia-2/el-trabajo-metodologico-como-via-efectiva-en-la-preparacion-de-los-docentes.htm. [consultada 18/12/2015].

6. Álvarez Zayas, Carlos (1999). La Escuela en la Vida. Didáctica.

7. Álvarez González, Minerva. (2011): Tesis en opción al título de Máster en Ciencias de la Educación Superior .Estrategia metodológica para la dinámica del proceso de superación del docente universitario en condiciones de semipresencialidad.

8. Arteaga González, S. R. (2009). El Trabajo Educativo y La Formación de Valores en la escuela.

9. Añorga Morales, Julia. (2004) Modelo de evaluación de impacto de programas educativos. Revista Varona # 38. UCPEJV. La Habana.

10. Bravo, J. L. (2002): Los medios de enseñanza. Madrid, http://www.edutec.es/edutec01/edutec/comunic/EXP13.html. ICE de la Universidad Politécnica.

11. Cabero, J. (1994): La investigación en medios de enseñanza: propuestas para la reflexión en el aula. (COOD).Edición: Huelva, Sevilla. http://dewey.uab.es/pmarques/libros/tecabero.htm.

12. Cabero, J. y Duarte, A. (2002): Organización escolar y medios de enseñanza. http://tecnologiaedu.us.es/revistaslibros/gidorg/gidorg.html.

13. Cabero y col. (2003): Las nuevas tecnologías en la actividad universitaria. Revista de medios y educación. No. 20. Disponible en: http://tecnologiaedu.us.es [Consulta: 08 mayo 20015].

14. Cáceres Mesa M. (2011). La formación pedagógica de los docentes Universitarios. Una propuesta en el proceso de profesionalización del docente. Revista Iberoamericana de Educación. [citado 19 junio 2015]. Disponible en: http://www.rieoei.org/deloslectores/475Caceres.pdf

15. Castaño, C. (2002): Las actitudes de los profesores hacia los medios de enseñanza. Pixel Bit: http://www.sav.us.es/pixelbit/.

16. Chávez Rodríguez. Justo A. (2010): Filosofía de la Educación. (Para maestros).

17. De Armas Ramírez, N. (2006) A modo de introducción: los resultados científicos como aportes de la investigación educativa. En: Los resultados científicos como aportes de la investigación educativa, Colectivo de autores del Centro de Estudios de Ciencias Pedagógicas, Universidad Pedagógica "Félix Varela" de Villa Clara.

18. De Armas Ramírez, N. (2006): Aproximaciones al estudio de las estrategias como resultado científico. – Villa Clara. Centro de Estudios de Ciencias Pedagógicas. Universidad Pedagógica "Félix Varela". P.2.

19. Díaz, H. (1989): Acerca de la dosificación y clasificación de los medios de enseñanza en la historia. La Habana: Pueblo y Educación. Cuba.

20.Fernández, B. (1997): Los medios de enseñanza en la tecnología educativa. Ficha 2. Vigo. La Habana Instituto Pedagógico Latinoamericano y Caribeño. Curso 25. Pedagogía 97.

21.Fernández de Aliaza, B. (2002): La interdisciplinariedad como base de una estrategia para el perfeccionamiento del diseño curricular. Tesis presentada en opción al grado científico de Doctora en Ciencias Pedagógicas. ISPJAE. La Habana.

22.Fernández, Cruz, M. (2002). "Desarrollo profesional del docente universitario". En González, A.P.: Enseñanza, profesores y universidad, 171-207. Tarragona: ICE Univ. Rovira i Virgili.

23.Galkan, D. (1973): Acerca De la importancia de los medios técnicos de enseñanza. Ponencia presentada a la Conferencia de Expertos de Países Socialista, Moscú.

24. Garófalo Fernández, N. (2008): La Superación de los maestros en Cuba. La Habana Editorial Pueblo y Educación. 176 p.

25. Ginoris Quesada, O. (Comp.) (2013): Fundamentos didácticos de la Educación Superior Cubana. Selección de lecturas. La Habana: Editorial Félix Varela. 480 p.

26.Gómez Calderón, Georgina. (2011): Estrategia didáctica para el desarrollo de la locución como habilidad profesional en los estudiantes de la carrera de Comunicación Social de la SUM Morón.

27.González Castro, V. (1986): Teoría y práctica de los medios de enseñanza. Editorial Pueblo y Educación, La Habana.

28.González Pérez, M. (2012). Metodología para la evaluación del impacto de la preparación en el desempeño profesional pedagógico de los docentes en las filiales universitarias.

29.González Kenia. (2005). Estrategia De Capacitación De Los Directivos De Educación Del Municipio Venezuela Para La Dirección De La Orientación Profesional Pedagógica

30. González, V. (1976): Los medios de enseñanzas en la pedagogía contemporánea. Editado por el departamento de Medios de Enseñanza del ISPEJV, Impresora" Andrés Voicín", La Habana.

31. González Castro, V. (1986): Teoría y práctica de los medios de enseñanza. Editorial Pueblo y Educación, La Habana.

32. Gutiérrez, R. (2002): Los medios de enseñanza como uno de los componentes del Proceso Pedagógico. Soporte Magnético. Editorial IPLAC.

33. Gutiérrez, R. (2002): Los medios de enseñanza como uno de los componentes del Proceso Pedagógico. Soporte Magnético. Editorial IPLAC.

34. Hernández Abreu I, R. (2012): Estrategia educativa para contribuir al desarrollo de habilidades de lectura en los maestros en formación del municipio Ciro Redondo. En opción al título de Máster en La Educación Superior.

35. Horruitiner, Pedro. (2006). La Universidad Cubana: El modelo de formación. La Habana: Editorial Félix Varela, pág. 162-163. ISBN 959-258-894-5.

36. Horruitiner Silva, P. (2007): La universalización de la Educación Superior. Revista Pedagogía Universitaria [on line], XII (4). Disponible desde: Revistas MES; [Consultad18-9-2015] http://www.ecured.cu/index.php/Universalización de la enseñanza en Cuba".

37. Kaprivin, V. V.: (1981): Conferencia sobre metódica de la enseñanza de las ciencias sociales. Editorial Orbe, Ciudad de La Habana.

38. Klingberg, L (1972): Introducción a la Didáctica General, Editorial Pueblo y Educación. La Habana, Cuba.

39. Labarrere G. y Valdivia, G. (2001): Pedagogía. Editorial Pueblo y Educación. La Habana. Cuba.

40. Lima, S. et. Al , (2013) "Fundamentos de la investigación educativa", Editorial Pueblo y Educación, ISBN 978-959-13-1932-6 compilado por el Dr. Cs Gilberto García Batista. pp. 210.

41. Lombillo, Ideleichy. (2006). La utilización de los medios de enseñanza y las Tecnologías de la Información y las Comunicaciones en la nueva universidad universalizada. ¿Una relación dinámica? Pedagogía Universitaria. Vol. XI, No.

3. Disponible en: http://eduniv.mes.edu.cu/03-Revistas-Cientificas/Pedagogia-Universitaria/2006/3/189406308.pdf [Consulta: 05 mayo 2015].

42. Lombillo, Ideleichy. (2008). Propuesta de estrategia metodológica para potenciar el uso de los medios de enseñanza tradicionales y las TIC en las SUM de Cultura Física de La Habana.

43. López, L. y otros, (2001): Historia y evolución de los medios de enseñanza. Centro Universitario "José Martí" Sancti Spíritus, Cuba.

44. Lorence González, J. Aproximaciones al estudio de las estrategias como resultado científico. – Villa Clara. Centro de Estudios de Ciencias Pedagógicas. Universidad Pedagógica "Félix Varela". P.2.

45. Lucio Pita. M. (2011): Los profesores a tiempo parciales en la actualidad. Estrategia para su preparación y superación desde la universidad pedagógica.

46. Mena Marchan, B. / Porras, M. M. (2004). Nuevas tecnologías para la enseñanza. Didáctica y metodología. Cuba.

47. Ministerio de Educación Superior. Documentos normativos sobre la educación superior. 2011. Indicaciones para la superación de los profesores a tiempo parcial de los Centros Universitarios Municipales.

48. Ministerio de Educación Superior. (2006)Resolución 106/.2006 Reglamento sobre los aspectos organizativos y el régimen de trabajo docente y metodológico para las carreras que se estudian en las Sedes Universitarias. La Habana, Cuba. Pág. 20

49. Miranda, M. (1982): Experiencia sobre la utilización de los medios de enseñanza en las cátedras de Biología de los IPUEC.

50. Microsoft Encarta. (2007): (Del lat. praeparatĭo, -ōnis). f. Acción y efecto de preparar o prepararse. || 2. Conocimientos que alguien tiene de cierta materia.

51. Morales Pino. (2002): Actividades para sistematizar los contenidos de Educación Plástica vinculados al desarrollo artístico cultural de la localidad.

52. Castro, O. (1989). Fundamentos teóricos y metodológicos del Sistema de Superación del personal docente del Ministerio de Educación. Tesis en opción al título de Máster en Educación Avanzada. La Habana. (Formato digital).

53. Palomo, Ruiz y Sánchez. (2006). Importancia de las TIC en el proceso de enseñanza aprendizaje. Educando - El Portal de la Educación Dominicana. [Consulta: 30 abril 2015].

54. Paniaga Fernández, M. E. (2002): La formación pedagógica de los profesores universitarios. Una propuesta en el proceso de profesionalización del docente.

55. Perdomo Vázquez, J. M. (2003): Aproximaciones al estudio de las estrategias como resultado científico. Villa Clara. Centro de Estudios de Ciencias Pedagógicas. Universidad Pedagógica Félix Varela Morales. Material Digital pág.2 y 5.

56. Pola Baza, J. S, Fernández, Nodarse, F. A , Lima Montenegro, S. (2013). Introducción De Las Tecnologías De La Información Y Las Comunicaciones En El Isced De Luanda. ISCED de Luanda, Angola. CITMATEL, Cuba. IPLAC, Cuba. pdf [Consulta: 30 abril 2015].

57. Pla López, R. y otros (2010): Una concepción de la pedagogía como ciencia desde el enfoque histórico cultural.

58. Resolución Ministerial No. 95/94. (2002).

59. Resolución Ministerial 210/07. Ministerio de Educación Superior de la República de Cuba. Reglamento para el trabajo docente y metodológico en la Educación Superior.

60. Resolución No. 119/08. (2008): Reglamento del Trabajo Metodológico del Ministerio de Educación de la República de Cuba.

61. Riol Hernández, Mirna. (2012): Metodología de la Investigación. Soporte Digital.

62. Rodríguez del Castillo, María Antonia (2004): Aproximaciones al estudio de las estrategias como resultado científico, Santa Clara, Villa Clara, Centro de Ciencias e Investigaciones Pedagógicas, Universidad Pedagógica "Félix Varela". (Material en soporte digital).

63. Sánchez Morales, Juana Virgen (2008). Metodología para propiciar, mediante la utilización de los medios de enseñanza, la relación intermaterias en el nivel primario. Tesis presentada en opción al título académico de máster en Ciencias pedagógicas. Villa Clara.

64. Solano E. (2002): Programa psicopedagógico para la preparación del profesor general integral de secundaria básica para atender a los adolescentes con trastornos de conducta.

65. Soussan, G. (2002). La formación de los docentes en Francia. Los institutos universitarios de formación de maestros IUFM en Formación docente: un aporte a la discusión.

66. Tesis de Maestría. CEPES_UH, Ciudad de La Habana, pág. 30-75.

67. Thomas y Stratton. (2006): What we are really doing with ICT in physical education: a national audit of equipment, use, teacher attitudes? British Journal of Educational Technology. Vol. 37, No.4, pág. 617-632.

68. Torres, C. (1998): Medios de enseñanzas, La creatividad, arma importante del maestro para la confección. Con luz Propia. No.4. La Habana, septiembre-diciembre.

69. UNESCO. "Documento de Política para el Cambio y el Desarrollo en la Educación Superior". Organización de Naciones Unidas, para la Educación, la Ciencia y la Cultura.

70. Vega Acuña Ángela Matilde. (2008). La preparación profesional del docente a tiempo parcial para desarrollar con calidad el proceso de cambio de categoría docente.

71. Vigotsky, L. (1982). Pensamiento y Lenguaje. Ed. Pueblo y Educación. La Habana

ANEXO I

Escala para la evaluación de los indicadores de la variable dependiente "nivel de preparación del docente a tiempo parcial para la utilización de la computadora como medio de enseñanza".

Indicador 1. Habilidad de los docentes para la utilización de la computadora como medio de enseñanza.		
Alto	**Medio**	**Bajo**
Muestra habilidades para la utilización de la computadora como medio de enseñanza.	Muestra pocas habilidades para la utilización de la computadora como medio de enseñanza.	No muestra habilidades para la utilización de la computadora como medio de enseñanza.
Indicador 2. Conocimiento de los docentes sobre la función e importancia de la computadora como medio de enseñanza.		
Posee conocimientos sobre la función e importancia de la computadora como medio de enseñanza.	Posee poco conocimientos sobre la función e importancia de la computadora como medio de enseñanza.	No posee conocimientos sobre la función e importancia de la computadora como medio de enseñanza.
Indicador 3. Capacidad de los docentes para elaborar materiales digitalizados como medios auxiliares de la clase.		
Muestra capacidad para elaborar materiales digitalizados como medios auxiliares de la clase.	Muestra capacidad para elaborar materiales digitalizados como medios auxiliares de la clase.	No muestra capacidad para elaborar materiales digitalizados como medios auxiliares de la clase.
Indicador 4. Disposición y motivación de estos docentes para aprender a operar con la computadora.		
Muestra disposición y motivación de estos docentes para aprender a operar con la computadora.	Muestra poca disposición y motivación de estos docentes para aprender a operar con la computadora.	No muestra disposición y motivación de estos docentes para aprender a operar con la computadora.

ANEXO II

Cuestionario de autoevaluación del docente a tiempo parcial para la utilización de la computadora como medio de enseñanza para la evaluación de los indicadores de la variable dependiente "nivel de preparación".

Objetivo: Comprobar el nivel de preparación del docente a tiempo parcial para la utilización de la computadora como medio de enseñanza.

Colega: El siguiente cuestionario tiene como objetivo de recoger información relacionada con el nivel de preparación del docente a tiempo parcial para la utilización de la computadora como medio de enseñanza. Le pedimos por favor la mayor fidelidad en la información y de antemano le agradecemos su colaboración.

1. **Habilidad de los docentes para la utilización de la computadora como medio de enseñanza.**

   a) ¿Utilizas la computadora para digitalizar tus clases? Sí ___ No __

   b) Tienes habilidades en el manejo de la computadora. Sí ___ No __

   c) Menciona qué sabes hacer con la computadora:

   d) Autovalora la habilidad que posees sobre la utilización de la computadora como medio de enseñanza en: ALTO___ MEDIO______ BAJO _________

2. **Conocimiento de los docentes sobre la función e importancia de la computadora como medio de enseñanza.**

   a) Menciona algunos aspectos que conoces sobre la computadora.
   b) ¿Sabes operar con ella? Sí ___ No __

   c) Autovalora el conocimiento que posee sobre la función e importancia de la computadora como medio de enseñanza en: ALTO__ MEDIO__ BAJO ___

3. **Capacidad de los docentes para elaborar materiales digitalizados como medios auxiliares de la clase.**

   a) Elaboras materiales en la computadora. Sí ___ No __

   b) Autovalora la capacidad que posee para elaborar materiales digitalizados como medios auxiliares de la clase en: ALTO__ MEDIO__ BAJO__

4. **Disposición y motivación de estos docentes para aprender a operar con la computadora.**

   a) Autovalora la disposición y motivación de estos docentes para aprender a operar con la computadora en: ALTO__ MEDIO__ BAJO__

Resultados del cuestionario de autoevaluación del docente a tiempo parcial para la utilización de la computadora como medio de enseñanza para la evaluación de los indicadores de la variable dependiente "nivel de preparación".

Marque con una cruz los indicadores que usted cree que se siente preparado.

INDICADORES	Muestra	Alto	Medio	Bajo
Indicador 1. Habilidad de los docentes para la utilización de la computadora como medio de enseñanza	15		2	13
Indicador 2. Conocimiento de los docentes sobre la función e importancia de la computadora como medio de enseñanza.	15		3	12
Indicador 3. Capacidad de los docentes para elaborar materiales digitalizados como medios auxiliares de la clase.	15			15
Indicador 4. Disposición y motivación de estos docentes para aprender a operar con la computadora.	15	10	5	

Representación gráfica de los resultados del cuestionario de autoevaluación del docente a tiempo parcial para la utilización de la computadora como medio de enseñanza para la evaluación de los indicadores de la variable dependiente "nivel de preparación".

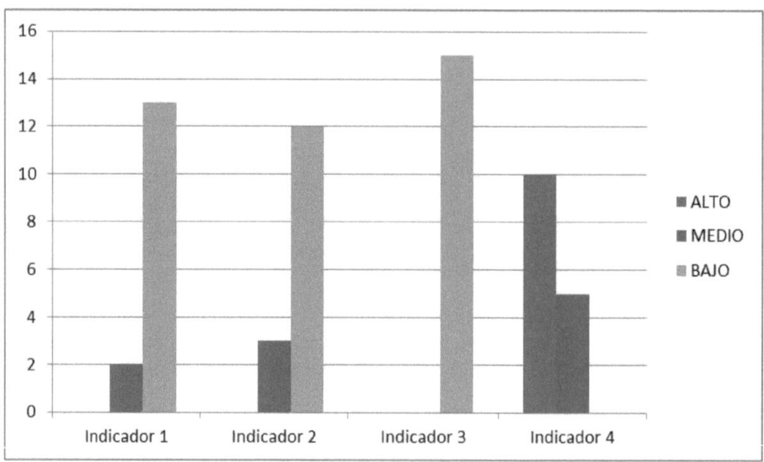

Se puede observar que la evaluación de los indicadores de la variable dependiente "nivel de preparación" es BAJA, pues de cuatro indicadores, tres están en la categoría de BAJO y uno entre Alta y Media lo que representa un 25%.

Anexo V

Guía para el análisis de los documentos normativos de la el docente a tiempo parcial.

Objetivo: Comprobar la manera en que está concebida la preparación del docente a tiempo parcial en el uso de la computadora como medio de enseñanza en los documentos normativos.

DOCUMENTOS A REVISAR

1- Plan de Trabajo Metodológico.

Indicadores:

- Aparecen los días de preparación del docente a tiempo parcial.
- Aparece en la fundamentación, diseño y organización un tema dirigido a la preparación del docente a tiempo parcial en el uso de la computadora como medio de enseñanza.
- Las actividades que se ofrecen facilitan tratamiento metodológico dirigido a la preparación del docente a tiempo parcial en el uso de la computadora como medio de enseñanza.

2- Plan de superación del docente a tiempo parcial.

Indicadores:
- Está diseñado.
- Temas que están planificados.

3- Revisión de planes de clases.

Indicadores:
- Diseño y organización del uso de la computadora como medio de enseñanza.
- Actividades que planificó con el uso de la computadora como medio de enseñanza.

GUÍA DE OBSERVACIÓN A CLASES

Objetivo: Comprobar el uso de la computadora como medio de enseñanza.

No. de observaciones: _____________ Grupo: _______ Hora: _______Fecha:_______

Tema: ____

Temática: ____

Objetivo de la clase: ____

____

Tipo de clase: ____________________

Aspectos a observar.
1. Dominio de las habilidades informáticas.
2. El uso de la computadora como medio de enseñanza durante sus clases.
3. Si las actividades docentes están digitalizadas.
4. Nivel de independencia en el uso de la computadora como medio de enseñanza.

Anexo VII

Entrevista al director de la Filial Universitaria Municipal.

Objetivo: Comprobar si tienen concebidos temas para la preparación del docente a tiempo parcial en el uso de la computadora como medio de enseñanza.

Compañero(a): Se está realizando una investigación relacionada con la preparación del docente a tiempo parcial en el uso de la computadora como medio de enseñanza, por lo que se hace necesario su colaboración para la realización de esta investigación, esperamos su importante colaboración.

Preguntas:

1- ¿Cómo tienen concebido la preparación del docente a tiempo parcial?

2- ¿Qué vía utiliza para comprometer al docente a tiempo parcial a participar en las preparaciones que realiza la Filial Universitaria Municipal?

3- ¿Cómo diagnostican al docente a tiempo parcial en su Filial Universitaria Municipal?

4- ¿Dentro de su diagnóstico tienen concebido que el docente a tiempo parcial tiene debilidades en el uso de la computadora como medio de enseñanza'?

5- ¿Cuántos temas tienen concebidas para preparar al docente a tiempo parcial en el uso de la computadora como medio de enseñanza y preparaciones para el uso de la computadora como medio de enseñanza?

6- ¿El docente a tiempo parcial reconoce que tienen insuficiente conocimientos y habilidades en el uso de la computadora como medio de enseñanza?

Gracias

Anexo VIII

Encuesta realizada a docentes a tiempo parcial adjuntos a Filial Universitaria Municipal Baraguá.

Objetivo: Comprobar el nivel de preparación del docente a tiempo parcial para el uso de la computadora como medio de enseñanza.

Preguntas:

1- Posee alguna preparación para el uso de la computadora.

Alto_________   Medio__________   Bajo___________

2- Usa la computadora como medio de enseñanza para impartir sus clases.

Sí______   No_______   ¿Por qué? __________

3- Posee conocimientos y habilidades para el uso de la computadora como medio de enseñanza.

Sí______   No_______

4- Han recibido preparaciones relacionadas con el uso de la computadora como medio de enseñanza.

Sí______   No_______

5. ¿Crees que necesitas preparación en este tema?

Sí______   No_______

Gracias.

Anexo IX

Temas a desarrollar en la etapa de ejecución de la estrategia de preparación metodológica según planificación.

No.	Temas	Fecha
1	Operador de Micro	Enero 2015
2	Microsoft Word y las diferentes aplicaciones	Marzo 2015
3	Microsoft Excel	Mayo 2015
4	Microsoft Power Point	Julio 2015
5	Microsoft Access	Septiembre 2015
6	Uso de navegadores (correo e internet)	Noviembre 2015
7	Virus informáticos	Noviembre 2015

Anexo X

Encuesta para determinar el coeficiente de competencia del experto.

Nombre y apellidos: ____

Usted ha sido seleccionado como posible experto para ser consultado, respecto al grado de conocimiento que posee sobre el uso de la computadora como medio de enseñanza.

Necesitamos antes de realizarle la consulta correspondiente, como parte del método empírico de investigación "consulta a expertos", determinar su coeficiente de competencia en este tema, a los efectos de reforzar la validez del resultado de la consulta que realizaremos. Por esta razón le rogamos que responda las siguientes preguntas de la forma más objetiva posible.

1. Marque con una cruz (X), en la tabla siguiente, el valor que se corresponde con el grado de conocimientos sobre el tema del uso de la computadora como medio de enseñanza. Considere que la escala que le presentamos es ascendente, es decir, el conocimiento sobre el tema referido va creciendo desde 0 hasta 10.

1	2	3	4	5	6	7	8	9	10

2. Realice una autovaloración del grado de influencia que cada una de las fuentes que le presentamos a continuación, ha tenido en su conocimiento y criterio sobre el uso de la computadora como medio de enseñanza. Para ello marque con una cruz (X), según corresponda, en A (alto), M (medio) o B (bajo).

FUENTES DE ARGUMENTACIÓN	GRADO DE INFLUENCIA DE CADA UNA DE LAS FUENTES		
	A (alto)	M (medio)	B (bajo)
Análisis teóricos realizados			
Su experiencia obtenida			
Trabajo de autores nacionales			
Trabajo de autores extranjeros			
Su propio conocimiento del estado del problema en el extranjero			
Su intuición			

Debe autovalorar cada una de las fuentes dadas marcando con una cruz, en el nivel que considere.

ANEXO XI

Resultados de la determinación del coeficiente de competencia de los candidatos a expertos.

Tabla de cálculo de Kc para cada experto

EXPERTO	0	1	2	3	4	5	6	7	8	9	10	Kc
1					x							0.4
2					x							0.4
3									x			0.8
4									x			0.8
5								x				0.7
6								x				0.7
7									x			0.8
8										x		0.9
9										x		0.9
10										x		0.9
11											x	1
12									x			0.8
13								x				0.7
14								x				0.7
15								x				0.7
16							X					0.6
17										x		0.9
18											x	1

Cálculo del coeficiente Ka

$Ka\ (1) = 0.3 + 0.2 + 0.05 + 0.05 + 0.05 + 0.05 = 0.7$

$Ka\ (2) = 0.3 + 0.2 + 0.05 + 0.05 + 0.05 + 0.05 = 0.7$

$Ka\ (3) = 0.2 + 0.5 + 0.05 + 0.05 + 0.05 + 0.05 = 0.9$

$Ka\ (4) = 0.2 + 0.5 + 0.05 + 0.05 + 0.05 + 0.05 = 0.9$

$Ka\ (5) = 0.3 + 0.4 + 0.05 + 0.05 + 0.05 + 0.05 = 0.9$

$Ka\ (6) = 0.2 + 0.4 + 0.05 + 0.05 + 0.05 + 0.05 = 0.8$

$Ka\ (7) = 0.1 + 0.5 + 0.05 + 0.05 + 0.05 + 0.05 = 0.8$

$Ka\ (8) = 0.3 + 0.5 + 0.05 + 0.05 + 0.05 + 0.05 = 1$

$Ka\ (9) = 0.2 + 0.5 + 0.05 + 0.05 + 0.05 + 0.05 = 0.9$

$Ka\ (10) = 0.2 + 0.5 + 0.05 + 0.05 + 0.05 + 0.05 = 0.9$

$Ka\ (11) = 0.2 + 0.5 + 0.05 + 0.05 + 0.05 + 0.05 = 0.9$

$Ka\ (12) = 0.2 + 0.5 + 0.05 + 0.05 + 0.05 + 0.05 = 0.9$

$Ka\ (13) = 0.2 + 0.5 + 0.05 + 0.05 + 0.05 + 0.05 = 0.9$

$Ka\ (14) = 0.3 + 0.4 + 0.05 + 0.05 + 0.05 + 0.05 = 0.9$

$Ka\ (15) = 0.1 + 0.5 + 0.05 + 0.05 + 0.05 + 0.05 = 0.8$

$Ka\ (16) = 0.2 + 0.2 + 0.05 + 0.05 + 0.05 + 0.05 = 0.5$

$Ka\ (17) = 0.2 + 0.5 + 0.05 + 0.05 + 0.05 + 0.05 = 0.9$

$Ka\ (18) = 0.3 + 0.5 + 0.05 + 0.05 + 0.05 + 0.05 = 1$

Resultados por fuentes consultadas

Fuentes	Experto 1			Experto 2			Experto 3			Experto 4			Experto 5			Experto 6			Experto 7		
	A	M	B	A	M	B	A	M	B	A	M	B	A	M	B	A	M	B	A	M	B
1	x			x				X			X		X				X				X
2			X			X	X			X				X			X		X		
3			X			X			X			X			X			X			X
4			X			X			X			X			X			X			X
5	X			X			X			X			X			X			X		
6	X			X				X			X			X			X		X		

Continuación

Fuentes	Experto 8			Experto 9			Experto 10			Experto 11			Experto 12			Experto 13			Experto 14		
	A	M	B	A	M	B	A	M	B	A	M	B	A	M	B	A	M	B	A	M	B
1	X				X			X			X			X			X		X		
2	X			X			X			X			X			X			X	
3	X			X			X			X			X			X			X	
4		X			X			X			X			X			X			X	
5	X			X			X			X			X			X		X		
6	X			X			X			X			X			X		X		

Continuación

Fuentes	Experto 15			Experto 16			Experto 17			Experto 18		
	A	M	B	A	M	B	A	M	B	A	M	B

1			x		x			X		X		
2	x					x	X			X		
3			x		X				X			X
4			x		X				X			X
5	x			X			X			X		
6		X			X		X				X	

Se seleccionaron como expertos 15 candidatos con un valor de K_{media} superior a 8 (competencia alta) y un candidato que tienen competencia baja (expertos 16).

ENCUESTA APLICADA A LOS EXPERTOS

Compañero (a):

Con el objetivo de evaluar la calidad de la estrategia de preparación metodológica para la preparación del docente a tiempo parcial en el uso de la computadora como medio de enseñanza, evalúe, utilizando la escala que se le propone, los aspectos que se relacionan a continuación y emita criterios:

a) Contribuye a la preparación del docente a tiempo parcial en el uso de la computadora como medio de enseñanza.

muy adecuado	bastante adecuado	Adecuado	poco adecuado	no adecuado

b) Contiene información clara, concisa, actualizada y la concepción teórica-metodológica que presenta, es posible aplicarla en la práctica pedagógica.

muy adecuado	bastante adecuado	Adecuado	poco adecuado	no adecuado

c) La estrategia de preparación metodológica que se ofrece sobre el uso de la computadora como medio de enseñanza sirven para preparar al docente a tiempo parcial.

muy adecuado	bastante adecuado	Adecuado	poco adecuado	no adecuado

d) La estrategia de preparación metodológica con acciones y talleres metodológicos están en correspondencia con las exigencias actuales del proceso de superación del profesional.

muy adecuado	bastante adecuado	Adecuado	poco adecuado	no adecuado

e) Resulta eficaz, novedosa e impactante para la preparación del docente a tiempo parcial en el uso de la computadora como medio de enseñanza.

muy adecuado	bastante adecuado	Adecuado	poco adecuado	no adecuado

f) El nivel de complejidad de la estrategia de preparación metodológica, sus acciones y talleres metodológicos está en correspondencia con los conocimientos que posee el docente a tiempo parcial en el uso de la computadora como medio de enseñanza.

muy adecuado	bastante adecuado	Adecuado	poco adecuado	no adecuado

Para finalizar, la autora le pide realizar sugerencias y reflexiones críticas que contribuyan a perfeccionar la estrategia de preparación metodológica, tanto en su fundamentación teórica y diseño.

La escala valorativa de los aspectos es del 1 al 5 (1, 2, 3, 4 y 5), donde 5 es la máxima calificación y uno la mínima.

Muy adecuado (5), Bastante adecuado (4), Adecuado (3), Poco adecuado (2), No adecuado (1).

ANEXO XV

Ordenamiento realizado por los expertos a cada uno de los aspectos de la guía.

	ASPECTOS					
EXPERTOS	1	2	3	4	5	6
1	4	4	4	4	5	5
2	4	4	4	4	5	5
3	4	4	4	4	5	5
4	4	3	4	4	5	5
5	4	3	4	4	5	5
6	5	4	4	4	5	5
7	5	4	5	5	5	5
8	4	3	4	6	5	5
9	4	4	4	4	5	5
10	5	4	4	4	5	5
11	4	3	4	4	5	5
12	4	4	4	4	5	5
13	5	4	3	3	5	5
14	4	4	4	4	5	5
15	4	4	4	4	5	5
Ri	64	56	60	62	75	75

Ordenamiento de los rangos de puntaje ligados en cada uno de los aspectos de la guía.

EXPERTOS	ASPECTOS					
	1	2	3	4	5	6
1	2,5	2,5	2,5	2,5	5,5	5,5
2	2,5	2,5	2,5	2,5	5,5	5,5
3	2,5	2,5	2,5	2,5	5,5	5,5
4	3	1	3	3	5,5	5,5
5	3	1	3	3	5,5	5,5
6	5	2	2	2	5	5
7	5	3	1,5	1,5	5	5
8	3	1	3	3	5,5	5,5
9	2,5	2,5	2,5	2,5	5,5	5,5
10	5	2	2	2	5	5
11	3	1	3	3	5,5	5,5
12	2,5	2,5	2,5	2,5	5,5	5,5
13	5	3	1,5	1,5	5	5
14	2,5	2,5	2,5	2,5	5,5	5,5
15	2,5	2,5	2,5	2,5	5,5	5,5
Sj	49,5	31,5	36,5	36,5	80,5	80,5

Printed by Books on Demand GmbH, Norderstedt / Germany